中国区域旅游生态效率测度及提升路径研究

刘军 邓帆帆 著

国家社科基金青年项目资助（17CJY051）

华中科技大学出版社
http://press.hust.edu.cn
中国·武汉

内 容 简 介

本研究首先以中国大陆地区30个省级行政单元作为研究对象,从"自下而上"法和旅游增加值剥离系数法两种视角估算2000—2017年中国大陆地区的旅游业碳排放量;其次基于可持续发展理论、生态旅游理论、生命周期评价理论、生态经济平衡理论等基本理论,采用单一比值法对我国区域旅游生态效率值进行测度,并从时间变化和区域差异两个方面对区域旅游生态效率进行静态分析;再引入核密度曲线对我国地区间旅游生态效率的动态演变进行分析;最后利用计量模型,以两种视角下的旅游生态效率测度结果作为被解释变量进行回归,对其影响因素进行分析。基于以上研究内容与研究结论,本研究提出了提升我国区域旅游生态效率发展水平的相关建议。

图书在版编目(CIP)数据

中国区域旅游生态效率测度及提升路径研究/刘军,邓帆帆著.—武汉:华中科技大学出版社,2023.6
ISBN 978-7-5680-9618-8

Ⅰ.①中… Ⅱ.①刘… ②邓… Ⅲ.①区域旅游－生态旅游－旅游业发展－研究－中国 Ⅳ.①F592.7

中国国家版本馆CIP数据核字(2023)第108649号

中国区域旅游生态效率测度及提升路径研究　　　刘军　邓帆帆　著
Zhongguo Quyu Lüyou Shengtai Xiaolü Cedu Ji Tisheng Lujing Yanjiu

策划编辑:	李家乐
责任编辑:	贺翠翠
封面设计:	廖亚萍
责任校对:	李　琴
责任监印:	周治超
出版发行:	华中科技大学出版社(中国•武汉)　　电话:(027)81321913
	武汉市东湖新技术开发区华工科技园　　邮编:430223
录　　排:	孙雅丽
印　　刷:	武汉科源印刷设计有限公司
开　　本:	710mm×1000mm　1/16
印　　张:	10.25
字　　数:	183千字
版　　次:	2023年6月第1版第1次印刷
定　　价:	78.00元

本书若有印装质量问题,请向出版社营销中心调换
全国免费服务热线:400-6679-118　竭诚为您服务
版权所有　侵权必究

前言 Preface

2015年,联合国《改变我们的世界——2030年可持续发展议程》(*Transforming our World: The 2030 Agenda for Sustainable Development*)提出了17个可持续发展目标,旅游业至少可以在其中7个领域发挥重要作用,但发挥这些作用的前提是减少旅游业环境影响。作为中国经济战略性支柱产业,旅游业在推动区域经济发展的同时,带来的碳排放也呈现上升趋势,因此有必要对中国区域旅游业可持续发展水平做出评估,以识别"双碳"目标下旅游业高质量发展的路径。

旅游生态效率作为衡量旅游业可持续发展的一个关键指标,能较好地反映环境影响与经济价值的关系,因此本研究以中国大陆地区省级行政单元为研究对象,采用两种不同视角估算了中国区域旅游业碳排放情况,并测度出不同视角下各地区旅游生态效率值及空间差异。以此为基础,从"规模—结构—技术"视角构建了旅游生态效率的影响因素模型。最后,研究提出了区域旅游生态效率的优化提升路径。

基于上述研究,得到如下结论:

(1)不同测度方法得到的2000年和2017年旅游碳排放均值分别为1.09亿吨、4.78亿吨,相差约4.37倍,测度结果差异较大,但各地区碳排放在全国的位次与总的趋势大致保持一致。

(2)2000—2017年各地区旅游生态效率均值总体上呈现下降趋势,表明中国旅游业在快速发展的同时也在不断改善对环境的影响,且"自下而上"法视角下更多的地区进入旅游可持续发展状态。

(3) 2000—2017年中国旅游生态效率在空间动态变化上,核密度曲线均呈现出差距缩小的趋势,泰尔指数则显示区域差异主要来源于区域间差异的快速减小;在空间格局上,各地区旅游生态效率值未出现显著的全局空间自相关,表明各地区旅游生态效率呈现随机分布态势,但是局部仍存在空间相关性。

(4) 旅游生态效率的环境库兹涅茨曲线讨论结果显示,尺度的差异使得其环境库兹涅茨曲线呈现完全相反的两种状态,即省域尺度下环境库兹涅茨曲线为"U"形曲线,城市尺度下环境库兹涅茨曲线为倒"U"形曲线。

(5) 从影响因素分析的结果来看,环境规制、产业结构等对不同测度方法得到的旅游生态效率值有显著负向影响,即对旅游生态效率提升有积极作用;旅游资源禀赋、市场化指数、单位GDP能耗对旅游生态效率值有显著正向影响,即对旅游生态效率改善有负面作用;其他影响因素的显著性则呈现出一定的差异性。

目录 Contents

- 第1章 绪论 /1
  - 1.1 研究背景 /3
    - 1.1.1 旅游业响应高质量发展的目标需要 /3
    - 1.1.2 旅游业发展与环境之间的矛盾加剧 /3
    - 1.1.3 旅游生态效率是衡量旅游可持续发展能力的重要手段 /4
  - 1.2 研究意义 /5
    - 1.2.1 理论意义 /5
    - 1.2.2 实践意义 /5
  - 1.3 研究方法与研究创新 /6
    - 1.3.1 研究方法 /6
    - 1.3.2 研究创新 /7
  - 1.4 研究思路与技术路线 /8
    - 1.4.1 研究思路 /8
    - 1.4.2 技术路线 /9

- 第2章 国内外研究进展与理论基础 /11
  - 2.1 生态效率概念及研究进展 /13

2.2 旅游生态效率研究进展 /17
   2.2.1 旅游生态效率概念源起 /17
   2.2.2 旅游生态效率测度方法 /20
   2.2.3 旅游生态效率影响因素 /26

2.3 研究现状述评 /30

2.4 相关理论 /31
   2.4.1 可持续发展理论 /31
   2.4.2 生态旅游理论 /32
   2.4.3 生命周期评价理论 /33
   2.4.4 生态经济平衡理论 /34

2.5 本章小结 /35

第3章 中国区域旅游碳排放估算 /37

3.1 旅游业碳排放及相关研究进展 /39
   3.1.1 旅游业碳排放研究现状 /39
   3.1.2 旅游业碳排放测度方法 /40
   3.1.3 旅游业碳排放估算框架 /41

3.2 "自下而上"法的旅游业碳排放估算 /42
   3.2.1 旅游业碳排放组成部门 /42
   3.2.2 旅游交通碳排放量 /43
   3.2.3 旅游住宿碳排放量 /46
   3.2.4 游憩活动碳排放量 /47
   3.2.5 旅游业碳排放总量 /48

3.3 旅游增加值剥离系数法的旅游业碳排放估算 /50
   3.3.1 旅游增加值剥离系数法 /50
   3.3.2 旅游业碳排放测算结果 /52

3.4 旅游业碳排放估算比较分析 /54

3.5 本章小结 /56

- 第4章　中国区域旅游生态效率测度　　　　　　　　　　/ 59
  - 4.1　旅游生态效率测度方法与测度指标　　　　　　　/ 61
  - 4.2　区域旅游生态效率测度及比较　　　　　　　　　/ 63
  - 4.3　城市旅游生态效率测度及比较　　　　　　　　　/ 68
  - 4.4　旅游生态效率库兹涅茨曲线探讨　　　　　　　　/ 71
    - 4.4.1　区域旅游生态效率环境库兹涅茨曲线探讨　　/ 72
    - 4.4.2　重点城市旅游生态效率环境库兹涅茨曲线探讨　/ 74
  - 4.5　旅游可持续发展水平比较　　　　　　　　　　　/ 75
  - 4.6　本章小结　　　　　　　　　　　　　　　　　　/ 78

- 第5章　中国区域旅游生态效率空间格局　　　　　　　　/ 79
  - 5.1　区域旅游生态效率的空间布局特征　　　　　　　/ 81
  - 5.2　区域旅游生态效率的探索性空间分析　　　　　　/ 86
    - 5.2.1　主要方法　　　　　　　　　　　　　　　　/ 86
    - 5.2.2　全局空间自相关结果分析　　　　　　　　　/ 87
    - 5.2.3　局部空间自相关结果分析　　　　　　　　　/ 89
  - 5.3　区域旅游生态效率的动态演进　　　　　　　　　/ 92
  - 5.4　区域旅游生态效率差异分析　　　　　　　　　　/ 94
    - 5.4.1　主要方法　　　　　　　　　　　　　　　　/ 94
    - 5.4.2　"自下而上"法视角下旅游生态效率区域差异　/ 95
    - 5.4.3　旅游增加值剥离系数法视角下旅游生态效率区域差异　/ 97
  - 5.5　本章小结　　　　　　　　　　　　　　　　　　/ 100

- 第6章　中国区域旅游生态效率影响因素　　　　　　　　/ 103
  - 6.1　影响因素选取　　　　　　　　　　　　　　　　/ 105

6.2　模型构建　　　　　　　　　　　　　　　　　　/ 109
6.3　区域旅游生态效率影响的实证分析　　　　　　/ 110
　　6.3.1　变量的描述性分析　　　　　　　　　　/ 110
　　6.3.2　模型参数估计　　　　　　　　　　　　/ 111
6.4　本章小结　　　　　　　　　　　　　　　　　/ 116

· 第7章　中国区域旅游生态效率提升路径　　　　　/ 119

7.1　结论　　　　　　　　　　　　　　　　　　　/ 121
7.2　对策建议　　　　　　　　　　　　　　　　　/ 123
　　7.2.1　优化旅游空间结构，促进旅游产业提质升级　/ 123
　　7.2.2　提升创新管理水平，加大旅游技术资金投入　/ 124
　　7.2.3　完善旅游基础设施，建立健全公共服务体系　/ 125
　　7.2.4　加大合作开发力度，加强区域旅游协作效应　/ 126
　　7.2.5　把握生态旅游政策，发挥政府积极引导作用　/ 127
7.3　不足与展望　　　　　　　　　　　　　　　　/ 128

· 附录　　　　　　　　　　　　　　　　　　　　　/ 131

· 参考文献　　　　　　　　　　　　　　　　　　　/ 143

第1章 绪论

1.1 研究背景

1.1.1 旅游业响应高质量发展的目标需要

在党的十九大报告中,习近平总书记明确提出我国经济正在由高速增长期向高质量发展阶段转变。高质量发展要求在"质"的大幅度提升中实现"量"的有效增长,坚持质量第一、效益优先,推动经济发展质量变革。在高质量发展的内涵中,效率问题是不能避免的核心,不论是质还是量的变革,以及正确新旧动能转化的关系,都可以从"效率"角度出发进行思考。作为中国经济战略性支柱产业,旅游业也需要响应高质量发展的目标需要,从"效率"的视角出发,进行质与量的变革,以最小的资源环境成本实现最大的旅游经济效应,推动旅游业高质量发展,实现速度增长和质量提升的双赢目标。旅游生态效率是指以最小的资源投入与环境负面影响为代价,实现旅游综合效益最大化,从旅游经济产出与其对环境的影响两个方面系统考量旅游经济发展与生态质量提升的关系,优化旅游可持续发展效率,涵盖旅游业发展的"质"与"量",为评价旅游业高质量发展提供了新思路。对区域旅游生态效率的测度和评价可以作为衡量区域旅游业高质量发展水平的重要依据之一,对推动区域旅游可持续发展具有重要意义。

1.1.2 旅游业发展与环境之间的矛盾加剧

2008年世界旅游组织(UNWTO)发布的有关气候变暖和旅游的报告指出,由旅游交通、旅游住宿及旅游相关活动所产生的碳排放占全球碳排放总量的3.9%,所引起的温室效应占全球温室总效应的14%。最新研究发现,全球旅游业碳排放量占总碳排放量已达到8%,比2008年预估值高出一倍,旅游业对气候变化的影响逐渐凸显。2020年中国向世界承诺了"碳达峰"和"碳中和"的"双碳"目标。国家"十四五"规划中也列出了要将单位GDP能耗和碳排放分别降低13.5%和18%的具体目标。作为新兴产业之一,旅游业对带动产业发展与扩大就业有积极作用,同时旅游可持续发展以及绿色旅游对生态文明建设具有重要作用,旅游业需要承担节能减排的行业责任。在2007年第二届"气候变化与旅游国际会议"上，我国号召全球各国、各地区积极采取协作，管控旅游业碳排放量，倡导低碳旅游。2010国家旅游局发布的《关于进一步推进旅游行业节能减排工作的指导意见》、2014年国务院印发的《关于促进旅游业改革发展的若干意见》等均指出旅游业对减缓气候变化具有重要意义，须积极采取节能减排措施。旅游生态效率可以被定义为在消耗更少自然资源的同时实现更大的商品或服务产出，并带来更低水平的废物和污染物排放。对旅游生态效率的研究有助于旅游业减缓对气候变化的影响，是达成"双碳"目标的现实需求。

1.1.3　旅游生态效率是衡量旅游可持续发展能力的重要手段

联合国可持续发展目标（Sustainable Development Goals，缩写SDGs）是联合国制定的17个全球发展目标，指导2015—2030年的全球发展工作。随着旅游业带来的生态环境问题日益受到关注，旅游业面临如何在旅游经济增长和生态环境保护之间取得平衡的挑战，即所谓的可持续旅游的挑战（Bella，2018；Hall，2013）。我国已充分认识到推行旅游业可持续发展的紧迫性与必要性。在2017年首届世界旅游发展大会上，中国再次强调全球共推可持续发展旅游的重要性，并将2017年作为国际可持续旅游发展年，旅游业的可持续发展成为必然趋势。生态效率的概念最早由Schaltegger和Sturn(1990)提出，然后由世界可持续发展商业理事会推广。此后，生态效率的概念被引入可持续旅游领域，学界开始展开对旅游生态效率的研究，为旅游可持续增长提供定量指导，是旅游业对SDGs做出贡献的实践需要。

总之，旅游生态效率是衡量旅游可持续发展、旅游业发展质量、区域内人地和谐关系的有效指标，其内在含义为以最小的资源投入与环境破坏为代价，实现经济产出效益最大化。旅游生态效率从旅游经济产出与其环境影响两个方面系统考量旅游经济发展与生态质量提升的关系，为衡量区域旅游产业生态化水平提供了新思路。它是客观、恰当表征旅游环境影响的重要参考指标。区域旅游生态效率优化与调节已成为推动旅游可持续发展的重要手段，但地区产业结构的差异、旅游产业发展环境的异质性以及环境规制水平的差异均加重了我国地区旅游生态效率的非均衡性，区域旅游生态效率优化治理的难度也日益增大。因此，在提出旅游生态效率的优化路径前，有必要对各地区旅游生态效率的变化趋势、空间分异特征以及影响因素进行研究，进而有针对性地规划旅游生态效率优化路径。

1.2 研究意义

1.2.1 理论意义

第一，丰富旅游生态效率研究理论和方法体系。随着旅游与环境的关系日益受到关注，旅游生态效率的研究逐步被国内外学者所重视（Ahmad，2019）。作为衡量旅游高质量发展的核心指标（王芳，2021），旅游生态效率研究是旅游生态研究的重要分支，现有研究更多地关注评价理论体系、评价方法以及评价对象，研究内容主要集中于对区域旅游生态效率单维视角的探索，较少从时空动态视角来探究旅游生态效率，尤其是从生态学科与地理学科的融合视角，运用经济地理学的方法来探究旅游生态效率的时空特征和变化规律。另外，在经济高质量发展的宏观背景下，旅游生态效率与旅游经济之间的关系密不可分，本研究通过计量模型对影响我国旅游生态效率的因素展开分析。这不仅对推动我国旅游经济的高质量发展具有重要意义，而且也必将进一步拓展我国旅游生态效率研究的理论和方法体系。

第二，为旅游可持续发展提供新的研究视角。旅游生态效率的测度通过确切的计量结果，在把握旅游过程中对生态造成问题的情况下，为进一步采取措施以平衡旅游活动与环境保护之间的稳定提供参考。本研究选取旅游生态效率作为衡量区域旅游可持续发展水平的指标，并在此基础上运用多学科的方法探究其空间变化特征与关系，选用"自下而上"法和旅游消费剥离系数法对我国区域旅游业碳排放展开测度，并对两种视角下我国区域旅游生态效率的空间分布特征与差异展开分析以及进行对比，为旅游可持续发展研究提供了一个新的视角，拓展了对旅游可持续发展研究的深度，并将有助于我们进一步认识旅游可持续发展的特征和规律，推进我国旅游业的可持续健康发展。

1.2.2 实践意义

第一，有助于提升我国旅游业可持续发展水平。改革开放以来，我国高投入、高能耗的粗放式经济发展模式弊端渐显（杨鸣京，2019），其中，旅游业在高能耗问题上给环境造成了严重威胁。旅游生态效率测度既是对生态可持续发展的评价与调控，同时还是旅游企业构建相应保障机制与优化旅游开发格局的指导方针。但是通过文献梳理发现，大多数国内外学者的研究更多地集中于旅游生态效率的测算方法及特征分析，对其时空演变及与旅游经济互动研究则较少深入，因此，拓展旅游生态效率研究的广度和深度，进一步精确量化区域旅游业发展水平，帮助大众认识旅游业发展对区域生态的影响及其相关因素，以提升旅游业各利益相关者对旅游生态的认知，将能够更有效提升我国旅游业可持续发展水平。

第二，有助于区域制订旅游发展的长期计划。本研究从旅游生态与旅游经济发展的关系视角出发，综合运用多学科理论开展实证分析研究，最终研究结论将能够帮助我们更加科学合理地评价各地区旅游业发展现状与可持续发展能力，更全面地了解区域旅游生态效率的时空分异，更好地协调区域旅游均衡发展。研究结果将提供给有关政府部门、监管机构或行业协会等，供其决策参考，或作为制订区域旅游生态与经济协调发展长期计划的依据，使绿水青山真正变成金山银山，旅游业能够健康可持续发展，人们的美好旅游生活真正得到满足。

第三，有助于对区域旅游发展实施动态监管调控。在旅游生态效率的影响因素分析中，通过比较各个影响因素影响程度的大小，能够直观得出影响旅游生态效率的关键因素，为区域旅游业的发展质量和效率提供考核依据，并能帮助我国各地区监管部门对区域旅游生态发展及其实时影响进行动态监管调控，从而实现对旅游生态保护与经济发展的动态调整，促进旅游业的高质量绿色发展。

◆ 1.3 研究方法与研究创新

1.3.1 研究方法

本研究主要采用三大具体研究方法：

第一，文献研究。本研究对国内外研究现状进行全面系统的梳理，因此文献研究是本研究的基础工作。文献研究法主要应用于本研究的文献综述、理论基础、旅游业生态效率指标以及经验参数的引用。

第二，规范研究与实证研究相结合。规范研究就是从理论出发看待一个事物应该是怎么样的，本研究在对旅游生态效率测度体系构建、旅游生态效率提升与优化政策等内容的研究中运用规范分析，即从相关文献、理论中来构建旅游生态效率测度体系。实证研究是通过对研究对象大量的观察、实验和调查，获取客观材料，归纳出事物的本质属性和发展规律，本研究在对我国区域旅游碳排放量测度、我国区域旅游生态效率测度、我国区域旅游生态效率时空演变与区域差异、我国区域旅游生态效率的影响因素探索等内容的研究中运用实证分析。

第三，定量分析与定性分析相结合。综合运用定量分析与定性分析方法测度旅游生态效率并揭示其与旅游经济互动响应的关系，能使用到的定量分析工具有ArcGIS、Stata、SPSS。此外，在研究基础数据的收集方面，本研究关于各地区旅游统计数据主要来自各年《中国旅游统计年鉴》《中国统计年鉴》《中国能源统计年鉴》《中国环境统计年鉴》，数据来源真实可靠。

1.3.2 研究创新

通过回顾国内外研究进展发现，目前对于旅游产业效率的研究面很广，但研究深度尚有不足，本研究对中国区域旅游生态效率的研究主要从以下几个方面进行拓展创新。

第一，本研究采用单一比值法构建旅游生态效率测度模型，选用旅游业碳排放量这个指标表征环境影响因素。目前对于旅游业碳排放量的估算方法使用最多的是"自下而上"法和"自上而下"法，本研究在此基础上，根据三次产业划分，借助对旅游消费剥离系数的研究，通过旅游业增加值系数，从终端能源消费量中剥离出旅游业碳排放量，在符合我国旅游业碳排放的实际情况下，实现对旅游业碳排放量的合理与有效估算，并同时采用"自下而上"法估算同时期的旅游业碳排放量，将二者进行对比分析，在两种视角下得到旅游生态效率的静态变化与动态演进。

第二，研究内容上，关于旅游生态效率的时空分异与影响因素的研究已经有一定基础，但是文献中关于旅游生态效率的影响因素在指标选取上还存在一定的主观性，对指标选取的科学性和理论性分析略微有些不足，缺乏对影响因素作用机理的系统分析。本研究从区域层面对旅游生态效率的时空演变规律进行分析，通过系统分析各因素对旅游生态效率的影响，构建相关的评价指标体系，进一步通过计量模型实证方法较为深入地研究旅游生态效率的影响因素，对制定相关政策具有一定参考价值。

1.4 研究思路与技术路线

1.4.1 研究思路

本研究从两种视角下估算中国大陆地区的旅游业碳排放量，并通过该指标对我国区域旅游生态效率进行测度。通过可持续发展、生态旅游、生态经济平衡等理论，以及核密度曲线、泰尔指数等方法，从静态分析、动态演变和空间差异分析等方面评价我国区域旅游生态效率，然后借助计量模型全面分析旅游生态效率影响因素。

首先，本研究对涉及的相关基础理论进行梳理。对研究背景、研究意义、生态效率国内外研究进展、旅游生态效率国内外研究进展、旅游生态效率测度方法国内外研究进展、旅游生态效率影响因素国内外研究进展以及理论基础等展开论述，以我国旅游业发展水平为基础，结合旅游行业数据发布情况，构建旅游生态效率测度体系，选取合适的指标，明确本研究的研究内容与研究方向，初步搭建研究框架。

其次，本研究以中国大陆地区30个省级行政单元作为研究对象。关于各地区的旅游统计数据主要来自各年《中国旅游统计年鉴》《中国统计年鉴》《中国能源统计年鉴》《中国环境统计年鉴》，数据来源真实可靠。本研究选取旅游业碳排放量表征环境影响，在对我国区域旅游业生态效率展开分析之前，通过"自下而上"法和旅游消费剥离系数法分别估算各地区的旅游业碳排放量，进而测算区域旅游生态效率。

再次，本研究对我国区域旅游生态效率进行实证分析。第一，对两种视角下的旅游生态效率测度数据变化态势展开分析；第二，通过核密度曲线分析两种视角下的旅游生态效率动态演变特征，以及通过ESDA空间分析对地区旅游生态效率的总体空间变化展开探索；第三，通过泰尔指数对我国旅游生态效率总体差异以及地区内差异展开分析。

最后，本研究选择旅游产业规模、旅游产业环境、产业结构、技术水平、对外开放水平与环境规制6个指标构建计量模型，探索我国旅游生态效率的影响因素，为优化我国区域旅游生态效率、推进旅游业可持续发展提供对策。

1.4.2 技术路线

本研究技术路线如图 1-1 所示。

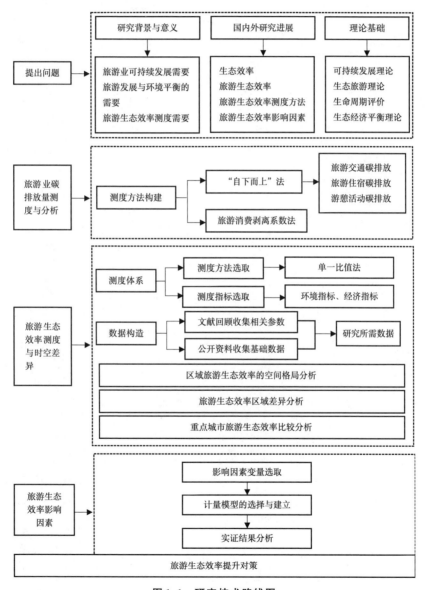

图 1-1　研究技术路线图

第 2 章

国内外研究进展与理论基础

2.1 生态效率概念及研究进展

旅游生态效率测度是目前国内外学者针对旅游业绿色发展水平研究使用较为普遍的分析方法之一。旅游生态效率源于生态效率，为深入理解旅游生态效率，本研究首先对生态效率的概念及国内外研究进展进行回顾。目前国内外学者对于生态效率的定义还尚未统一，但各概念的提出均基于世界可持续发展工商理事会（World Business Council for Sustainable Development，简称WBCSD）的基本思想。现有的定义基本上可以划分为5个类型：①"从更少中获得更多"，即用更少的自然资源投入获得更多的实物产出；②经济产出与环境产出的比值，更加强调用更小的环境影响创造更多的经济增加值；③强调减少对环境的影响强度；④作为一种管理战略；⑤强调作为管理战略的同时，指出对于公司来说如何提升改善生态效率。

表2-1所示为刘军（2017）对Raymond（2006）和Braungart（2007）的研究中生态效率定义的梳理。

表2-1 一些机构关于生态效率的定义

组织	定义
WBCSD	通过较少的物料和能源投入获得更多的价值，同时产生更少的排放
OECD	用来满足人类需求的生态资源的效率
EEA	较少的资源创造更多的福利
英国环境支持机构	从给定的物质或能源投入中获得最大化的产出
加拿大工业部	用最少的投入获得最多产出，是成本最小、价值最大化的艺术
加拿大大西洋商业机会署	在整个产品价值链过程中通过减少资源的使用、浪费和污染来创造有质量的产品
澳大利亚环境保护署	通过提升产品或服务的价值来超越资源的使用以及污染预防

续表

组　织	定　义
BASF公司	在尽可能减少排放和帮助消费者保护资源的同时，用尽可能少的资源来生产产品
国际金融组织	通过更有效的方法来提升资源的可持续能力
澳大利亚政府	生态效率是一个管理过程，它用来设计从最少（投入）获得最多（产出）；生态效率可以通过增加矿物质的回收，减少水、能源等的投入，减小环境影响等来获得
诺基亚	生态效率就是从更少的物质和能源中获得更好的结果。对于诺基亚来说，它意味着使能源强度减到最小、使产品或服务的物料使用减到最小、延长产品使用时间、提升生产过程的效率、减少有害气体扩散、促进回收以及最大化利用可再生资源
东芝	生态效率就是通过产品的价值和环境影响来计算的，其中产品的价值是基于它的功能以及表现，产品的环境影响计算则包括它的整个生命周期内的环境影响

　　为了解国内外学者对"生态效率"的研究方向与研究进展，本研究分别以"生态效率"为关键词在中国知网、以"eco-efficiency"与"ecological efficiency"为主题在Web of Science数据库中进行检索，删除与主题不相关的、重复的文献之后，各获取文献1682篇、450篇，形成关键词图谱（见图2-1、图2-2）。通过发表时间可以看出，国外对生态效率的研究早于国内20余年，且"eco-efficiency""model""performance""productivity""China"等处于关键词聚类核心位置，由此可见，国内关于生态旅游地的研究已经逐步获得国际旅游学术界的认可；国内从2004年开始研究文献量大幅度增加，2022年已达到了178篇，研究文献中属于CSSCI、CSCD、SCI来源期刊以及核心期刊的共有636篇，充分体现了国内对生态效率方面研究的重视与关注。就研究主题来看，"生态效率""生态效率评价""海洋渔业""循环经济"以及"DEA"是国内研究最常见的5个方面，涵盖了生态效率的测算、在特定产业的应用以及影响力等各个领域，充分体现了生态效率研究具备的现实价值；就研究方向与学科而言，主要聚焦于环境科学与资源利用、生态管理、工农业经济等，可以看出国内关于生态效率的研究充分地体现了学科融合，但在旅游方向的研究文献只占2.32%，因此旅游生态效率方面的研究仍具有较为广阔的空间。

·第2章 国内外研究进展与理论基础 15

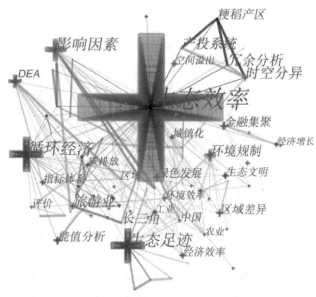

图 2-1 国内生态效率关键词图谱

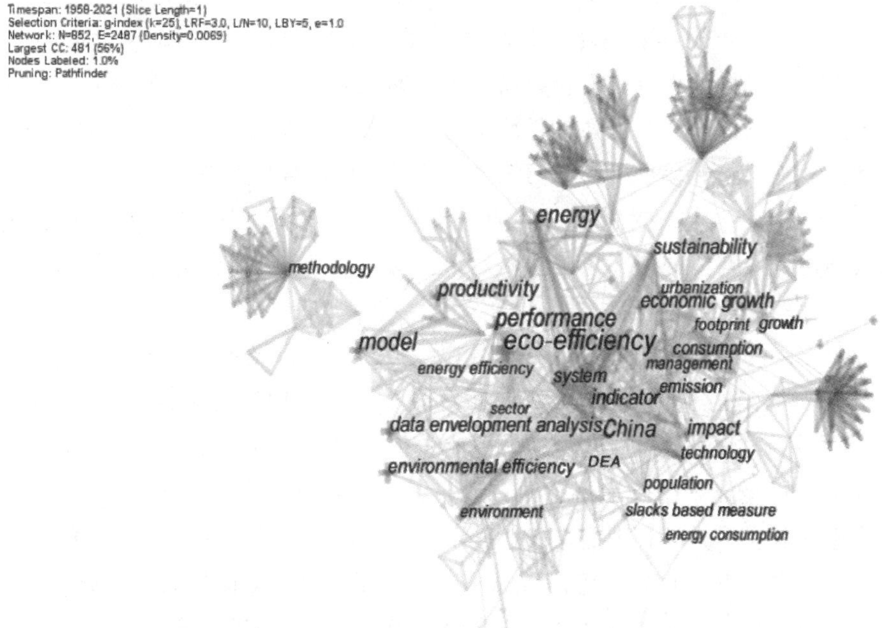

图 2-2 国外生态效率关键词图谱

"效率"（efficiency）一词最初出现在衡量企业生产问题中（Barros，2018），有研究指出，不加大资源投入而通过提升效率就能在某种程度上提高某一特定行业的产出。由于经济活动中的环境效应逐步显现，生态效率（eco-efficiency）概念进入大家视野，1990年德国学者Schaltegger和Sturm首次用经济增长与环境的比值表征生态效率（Willard，2002）。1992年，WBCSD从商业视角出发，认为"在满足人类需求与提高生活质量的前提下，生态效率通过提供有价格竞争优势的产品与服务的同时，逐步减少生态影响、降低资源消耗强度，使其不超过地球承载力，即用最小的影响创造更多的价值"（史方圆，2018）。1996年，WBCSD又进一步完善了生态效率理论框架，认为生态效率在"防止污染""减少污染物"以及"清洁生产"等方面有重要作用，以"用更少的资源生产更多的产品"为愿景，生态效率不仅对环境有利，同时能够降低企业成本，提高资源生产力。此后，有更多国际组织从更丰富的角度进行概念界定。例如世界经济合作与发展组织（OECD）认为生态效率是生产产品和服务的价值所代表的产出与环境压力总和所代表的投入的比值；欧洲环境署（EEA）通过综合考虑经济、环境与社会等因素（Moller，2005），将生态效率定义为以较小的自然界投入达到较多的效益。而我国对生态效率的研究起步较晚，自Claude将生态效率引入我国后（Fussler，1995），不同学者对生态效率也有不同见解。李丽平（2000）沿用了WBCSD的内涵，将生态效率看作经济产出与环境压力的比值；周国梅（2003）认为生态效率与清洁生产存在强关联性，通过引入环境管理思想将能源利用中的二氧化碳排放纳入指标体系中；刘丙泉（2011）提出区域生态效率表征的是"相对效率"，他认为"生态效率意味着投入减量化或产出最大化"，是反映区域经济发展有效利用资源从而减轻环境压力的效率；黄和平（2015）认为资源能源效率和环境效率共同构成生态效率。

除了对概念的研究外，对生态效率在其他研究领域的研究也积累了丰富的文献成果。国外学者在企业及行业层面对生态效率的应用进行了分析。如Cote（2006）用生态效率评价了加拿大部分企业效益；Monastyrenko（2017）探讨了并购对欧洲发电企业生态效率的影响，提出了监管者应以DEA生态效率措施为基础再考虑并购。国内学者则是在农业、工业等不同产业领域以及区域层面集中开展探讨。程翠云（2014）使用机会成本法度量了我国部分区域农业生态效率；鲁庆尧（2021）为深入揭示粮食种植生产效率的本质，将非期望产出纳入效率评价中，为农业可持续发展目标提供建议；许燕琳（2021）与郭小青（2021）等为定量评价农业对生态的影响，分别以山东省及全国为研究对象进行农业生态效率测算，并探讨了其影响因素；李世祥等（2009）认为正向提高工业能源效率需要靠技术进步及促进能源价格改革；汪克亮（2016）以长江经济带为例验证了生态效率的地区差异及其变化趋势。在区域层面上，不同学者分别从全国省域（任梅，2019；王瑶，2021；邱立新，2020）、地市级（蒋硕亮，2021）、县域（马勇，2021；张鑫鑫，2019）等视角比较了生态效率的差异及其影响因素，深化了对生态效率的认知。另外，国内外学者对生态效率的测度方法也开展了较为全面的研究，主要方法包括单一比值法（Tothmihaly，2019；Vogtlander，2019）、指标体系法（Moutinho，2017；Hofiren，2001）与模型法（An，2018）。其中，模型法中的生态足迹法、数据包络分析法（Data Envelopment Analysis，DEA）、超效率SBM法近年来运用较多。如闫涛（2021）与狄乾斌（2020）均采用含有非期望产出的超效率SBM模型，研究了中国城市生态效率的时空演变格局；龙亮军（2017）采用改进DEA模型测算了我国部分城市生态福利绩效水平。

2.2 旅游生态效率研究进展

2.2.1 旅游生态效率概念源起

旅游活动的快速发展使得环境负面问题日益凸显，协调经济增长与生态保护成为旅游生态效率研究的契机。生态效率概念的出现为旅游业提供了新的研究视角，旅游生态效率旨在系统判断旅游对环境的影响，从而在实现旅游市场繁荣的同时，减少旅游环境影响，是衡量旅游环境影响的重要参考指标。近年来，旅游业发展带来的环境问题使得旅游经济发展的副作用开始显现，如何将生态效率思想融入旅游发展中逐步成为关注的焦点。

本研究以"旅游生态效率"为主题词分别在中国知网全文数据库及Web of Science数据库进行检索，根据Citespace软件删除重复文献后，分别获得154篇、105篇有关生态旅游地的文章，形成图谱（见图2-3、图2-4）。

根据图谱可知，国内外在旅游生态效率方面的研究中，"生态效率""碳足迹""DEA"均成了高频次关键词，意味着旅游生态效率与碳排放有着紧密联

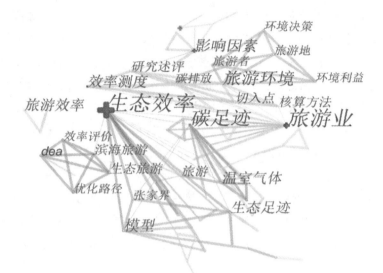

图 2-3　国内旅游生态效率关键词图谱

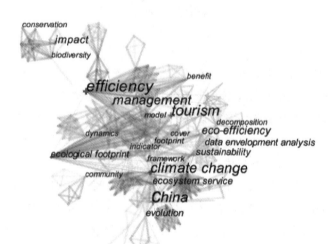

图 2-4　国外旅游生态效率关键词图谱

系，且构建测算模型和确定测度指标是开展旅游生态效率研究的重点内容；国内部分的高频词有"滨海旅游""旅游地""旅游环境""效率评价"以及"优化路径"等，国外部分的高频词则是"climate change""management""sustainability"以及"dynamics"等，即国内研究侧重于旅游生态效率的量化以及旅游生态效率在不同场景的应用，而国外更加关注旅游生态效率管理以及在可持续发展中发挥的作用，并就提升旅游生态效率以更好地实现环境与经济效益平衡做了深入研究。

既有研究中，明确提出旅游生态效率（eco-efficiency of tourism）概念的文献有限。国外学者Gossling（2005）等人率先在可持续旅游领域中引入了生态效率理念，并将旅游生态效率表示为二氧化碳排放量与旅游收入的比值，并认为生态效率可以综合分析旅游业的环境和经济效益，从而协助不同旅游部门衡量环境影响与经济价值的相对重要性。国内学者李鹏等（2008）借鉴了WBCSD关于生态效率的定义，以云南香格里拉为研究对象测算其旅游线路产品生态效率；肖建红（2011）、甄翌（2013）、姚治国（2016）等在生态效率定义的基础上认为旅游生态效率是衡量旅游发展与环境影响比例关系的重要指标，并用旅游过程中二氧化碳排放量与旅游收入的比值来表示旅游生态效率；吕永鹏、程莉等（2014）则用生态足迹替代二氧化碳排放量来计算旅游生态效率；蒋素梅（2014）认为选取合适的经济与环境影响指标才能有效反映旅游业生态负荷程度；姚治国（2016）进一步指出，核算旅游业二氧化碳排放量对旅游生态效率测算至关重要；章锦河（2008）在对黄山、九寨沟风景区的旅游废弃物生态影响进行评价时，既以二氧化碳排放量与旅游收入的比值来表示旅游生态效率，同时也对二氧化碳的生态足迹进行了测算。

尽管国内外对旅游生态效率的概念并未统一，但总体而言，研究均倾向于认为旅游生态效率是使用更少的资源产生更多的旅游产品和服务价值。借鉴生态效率的概念，旅游生态效率强调旅游活动应达到两个目的：第一，旅游对环境的影响最小化，即旅游活动应尽可能减少能源消耗以降低对环境的影响；第二，旅游对经济的影响最大化，即在消耗同等资源的基础上，尽可能多地提升旅游增加值。

2.2.2 旅游生态效率测度方法

测度旅游生态效率是当下国内外学者研究的热点之一，研究者不断致力于寻找出科学合理的方法测量旅游生态效率，并在测度指标、模型的选取上取得了重要突破。目前旅游生态效率测度主要以单一比值法、模型法以及指标体系法最具代表性。

1. 单一比值法

单一比值法是将旅游生态效率表示为旅游业产出与环境影响的比值的方法。产出常用旅游经济收入来表示，旅游能耗或二氧化碳排放等指标则代表环境影响变量，计算过程不包含间接经济效益。Becken等（2002）通过对旅游业中的吸引力和活动部分的能源使用细分，采用"自下而上"法估算旅游碳排放量；Gossling（2005）选取二氧化碳排放量与旅游收入两个指标测算旅游生态效率；Perch-Nielsen（2010）等人以现有的旅游卫星账户(Tourism Satellite Account, TSA)为基础收集温室气体数据，通过详细的"自下而上"的方法确定瑞士旅游业增加值的温室气体强度，然后采用"自上而下"法计算了部分欧洲国家旅游部门温室气体排放强度，并分别以此为依据选用温室气体排放量表征旅游业的环境影响，选用旅游业增加值表征旅游业产品或服务的经济价值，对新西兰以及瑞士旅游生态效率进行了测度。

国内学者在采取单一比值法核算旅游生态效率时，其测度指标选取多沿用了既有文献成果。李鹏等（2008）在对云南香格里拉的旅游线路产品生态效率进行测度时以旅游者能耗和废物所产生的碳排放量作为环境维度指标，以旅游者经济支出为经济指标。肖建红（2011）、黄芳（2016）、王兆峰（2018）、刘军（2019）、王芳（2021）等人在对不同区域旅游生态效率进行测度时均选取旅游业碳排放量表征环境维度指标，选用旅游业收入作为旅游产品和经济价值指标。由于国内温室气体排放统计系统与旅游卫星账户仍待完善，研究者主要采用"自下而上"法，折算出旅游业各部门二氧化碳排放量，然后对其加总得到旅游业碳排放总量。除此之外，部分学者如章锦河（2004）、姚治国（2013）等人则仍采用旅游收入作为旅游经济价值指标，但在环境维度上采用了旅游碳足迹作为表征指标。

总的来说，国内外学者在使用单一比值法测度旅游生态效率时，表征环境维度的指标多选用温室气体排放量、旅游业碳排放量和旅游碳足迹三类指标，表征旅游产品与服务经济价值的指标主要包括旅游业增加值、旅游收入两大类指标，具体参见表2-2。

表2-2 单一指标法测度旅游生态效率的指标构成

研究者及年份	指标类型	指标构成
Gossling（2005）	旅游业环境影响	旅游业碳排放量
	旅游业经济价值	旅游业收入
Perch-Nielsen（2010）	旅游业环境影响	温室气体排放量
	旅游业经济价值	旅游业增加值
肖建红（2011）	旅游业环境影响	旅游业碳排放量
	旅游业经济价值	旅游业收入
姚治国（2013）	旅游业环境影响	旅游业碳足迹
	旅游业经济价值	旅游业收入
王芳（2021）	旅游业环境影响	旅游业碳排放量
	旅游业经济价值	旅游业收入

通过单一比值法测算旅游生态效率主要从两个部分入手。第一部分是对旅游业环境维度指标的测算；第二部分是对旅游业产品与服务价值的测算。对于旅游业环境维度指标的测算，大多数学者主要采用旅游业碳排放量这一指标进行表征，这在Gossling、刘军等国内外学者的研究中已比较常见，而对碳排放量的估算方法则主要有"自上而下"法与"自下而上"法。

"自上而下"法即直接估计一个完整系统内的旅游业能耗与碳排放量所占的比重，方法较为复杂，国外学者使用较多，且使用"自上而下"法对旅游业碳排放量进行估算的主要集中在部分旅游业较为发达的国家和地区，如西班牙、新西兰和英国威尔士等。"自下而上"法是从游客活动的视角入手，将旅游者的交通、住宿、游憩活动等向上逐级统计能耗与碳排放量。"自下而上"法采取先分解后加总的方法，按照旅游者在消费过程中消费的重点领域和主要环节，测算旅游业整体二氧化碳排放量。如Peeters（2010）通过构建"自下而上"的能源利用模型系统测定了旅游目的地的能源消耗和温室气体排放水平；李彩云（2016）、马慧强（2019）等人采用了"自上而下"法测算旅游业二氧化碳排放量、旅游业交通碳排放量，进而对旅游经济与环境协调关系展开研究探讨。

大多数学者主要采用旅游收入与旅游业增加值这两大类指标对旅游业经济价值指标进行表征。由于我国对于旅游业增加值数据的统计不够全面，因而为保证数据的可靠性与科学性，国内学者多采用旅游收入表征旅游业经济价值指标；而部分国家或地区存在旅游业卫星账户，因而获取旅游业增加值相对较为容易，如Perch-Nielsen（2010）等对瑞士旅游业温室气体排放强度的研究中便使用旅游业增加值表征旅游业经济价值这一指标。

2. 指标体系法

单一比值法虽然简便，但是仅以单一比值表征环境维度与经济价值影响显然是不够的，该方法不适用于复杂问题的分析，也未能较好地刻画出旅游产业真实运行的状态。因此，有学者通过构建指标体系来表征环境维度与经济价值。与单一比值法相比，指标体系法基于"效率"这一概念的多元化特征，从环境、经济、社会等不同角度构建旅游生态效率指标体系，但由于旅游业中环境、经济、社会等不同维度指标的数据获取存在难度和一定局限性，因而测度旅游生态效率时这一方法使用较少，在指标足够多的情况下，国内外学者更多地选用模型法测度旅游生态效率。

3. 模型法

相较于模型法，单一比值法以及指标体系法分别显现出了旅游要素考虑不足和指标权重赋权过于主观的缺陷，因此以数据包络分析法（DEA）为主的模型法得到国内外学者的广泛推广。如国外学者Malin（2021）、Castilho（2021），国内学者韩元军（2015）、刘佳（2016）、路小静（2019）、黄钰婷（2020）等，均采用DEA模型测算了不同区域的旅游生态效率，验证了旅游生态效率存在明显空间差异以及影响因素的地域差异。但传统DEA模型难以科学处理非期望产出指标，而基于传统DEA模型改进的SBM-DEA模型、超效率SBM-DEA模型能够减少误差，可在效率测度上包含非期望产出。如林文凯（2018）采用超效率DEA模型测算江西省地级市旅游生态效率，并结合ESDA空间分析对江西省绿色旅游的可持续发展水平进行综合评价；部分研究者如彭红松（2017）、王楠（2018）、魏振香（2021）等充分考虑旅游环境影响因素的多样化，以能源消耗量、水资源消耗量、固定资产投资等作为投入指标，以旅游收入、旅游人次等作为期望产出指标，以旅游碳排放量、废弃物（废水、废气、烟粉尘、SO_2等）排放量为非期望产出指标，利用SBM-DEA模型对不同维度的旅游生态效率进行了测度；王兆峰（2019）采用非期望产出的超效率SBM-DEA模型对长江经济带沿岸城市旅游生态效率进行了测算，并借助VAR模型分析了经济与效率之间的相互关系；郑兵云（2020）通过DEA博弈交叉效率模型证实了省际旅游生态效率具备空间正相关性；还有其他国内学者通过三阶段DEA（盖美，2019）、Bootstrap-DEA（徐琼，2021）等对旅游生态效率进行测度。

除此之外，国外学者研究还包括分析旅游环境效应影响机制、探究旅游可持续发展的管理建议。如Eka与Paul（2016）以荷兰为例，佐证了目的地与交通方式的选择均对旅游环境产生较大影响；Reilly等（2010）通过对加拿大惠斯勒在减少能源使用方面发挥何种作用的探究，提出从促进游客使用更节能的交通工具角度出发能够有效提高旅游交通生态效率；Susanne等（2011）以瑞士达沃斯的山区度假地区为案例研究地，基于投入产出模型探究了旅游战略规划对土地利用效率的影响等。国内学者多研究具体区域，根据实际场景分析不同区域的旅游生态效率差异及时空演变规律，从研究尺度来看，大体上分为国家或区域层面、省域或旅游城市层面、景区或旅游产品层面。如郭丽佳等（2021）以省域层面为研究对象，揭示了中国省域层面旅游生态效率发展趋势及空间格局；王胜鹏等（2020）从地理学视角出发，采用VAR模型模拟了黄河流域旅游生态效率水平与旅游经济发展之间的联系；李鹏等（2008）得出经济与碳排放共同决定旅游生态效率，其中交通和餐饮是核心因素。

模型法对多投入、多产出研究对象的旅游生态效率测度具有更大优势。与此同时，指标无须统一单位，避免了主观赋权争议，有利于保持原始信息完整，因此模型法被广泛用于旅游生态效率测度，但投入产出指标的选择和数据质量对测度结果具有决定性的影响。表2-3所示为近年来部分国内外学者所采用的旅游生态效率测度模型及其指标构成。

表2-3 旅游生态效率测度模型及其指标构成

研究者	方法	投入指标	产出指标
Fuchs（2004）	DEA	劳动力、基础设施、自然环境	旅游收入、就业率、市场份额、净收益
Botti等（2009）	DEA	接待设施容量、游客数量	过夜游客数

续表

研究者	方法	投入指标	产出指标
Jia（2017）	DEA	旅游废水排放量、旅游SO_2排放量、旅游工业垃圾排放量、近岸海水质量	旅游能耗、旅游总收入、游客总数
Malin（2019）	DEA	固定资产投资、就业人数、景区数量	环境治理投资、接待的游客总数、旅游企业收入
韩元军（2015）	DEA	旅游企业固定资产原值、旅游从业人数	旅游企业的营业收入和营业税金
刘佳（2016）	DEA	星级饭店数、旅行社数、旅游业从业人员数、旅游产业废水排放总量、旅游产业化学需氧量排放量、旅游产业工业固定废弃物排放量、旅游产业SO_2排放量、旅游产业烟尘排放量、旅游产业工业粉尘排放量	旅游总收入
路小静（2019）	DEA	旅游业从业人员数、旅游企业固定资产原价、旅游业能源消费总量	旅游总收入、旅游业碳排放量
黄钰婷（2020）	DEA	星级饭店数、旅行社总数、旅游景区总数、旅游业从业人数	旅游总收入、SO_2排放量、废水排放量、固体废弃物排放量
魏振香（2021）	SBM	主要旅游企业从业人数、主要旅游企业固定资产投资、主要旅游企业数量	旅游收入、年接待游客量、旅游碳排放量
盖美（2019）	三阶段DEA	年末从业人员数量、固定资产投资总额、工业废水排放量、工业SO_2排放量、工业烟尘排放量、城市建设用地面积、供水总量、能源消耗总量、第三产业占GDP比例、建成区绿化覆盖率、万元GDP电耗	地区生产总值
林文凯（2018）	超效率DEA	旅游废水排放量、旅游废气排放量、旅游固体排放量、旅游从业人员数、4A级及以上景区数、住宿企业数、餐饮企业数、旅游固定资产投资	旅游总人次、旅游总收入
徐冬（2018）	Bootstrap-DEA	旅行社数、星级酒店数、3A级及以上旅游景区数、第三产业从业人数	旅游收入、旅游人次

续表

研究者	方法	投入指标	产出指标
徐琼（2021）	超效率DEA	星级饭店数、旅行社数、旅游景区数、旅游业固定资产值、旅游业年末从业人员数、旅游废水排放量、旅游废气排放量、旅游固体排放量	旅游总人次、旅游总收入
付丽娜（2013）	超效率DEA	废水排放量、化学需氧量、SO_2排放量、烟尘排放量、工业粉尘排放量、工业固体废物排放量、能源消耗总量、用水总量、建设用地面积、就业人数	地区生产总值
王楠（2018）	SBM	单位GDP能耗、用水总量、用电总量、社会固定资产投资、社会从业人员数	地区生产总值、工业废水排放量、SO_2排放量、烟粉尘排放量
钱宏健（2022）	SBM-DEA	第三产业总人数、第三产业固定资产投资、旅游业能源消耗量	国内外旅游总人次、国内外旅游总收入、旅游业碳排放量
彭红松（2017）	SBM-DEA	平均工资水平、新增固定资产投资额、能源消耗量、水资源消耗量、餐饮生物资源消耗量	旅游收入、垃圾排放量、污水排放量、废气排放量
狄乾斌（2020）	超效率SBM	旅游从业人数、星级饭店数、4A级以上景区数	旅游收入、旅游接待人数、旅游污水排放量
王兆锋（2019）	超效率SBM	3A级及以上旅游景区数量、三星级及以上酒店数量、旅行社数量、旅游从业人数	旅游总收入、旅游业碳排放量
卢飞（2020）	SBM-Undesirable	年末第三产业就业人员数、4A级及以上景区加权数、旅游业固定资产净值、旅游业能源消费	旅游总收入、旅游业碳排放量、旅游业SO_2排放量、旅游业废水排放量、旅游业生活垃圾清运量

4.测度数据来源

从已有研究成果来看，国内外学者对于旅游业生态效率的测度主要通过两种方式获取数据：一是如旅游收入、旅游人次等通过国民经济账户及其他官方渠道公布的统计数据；二是如旅游业碳排放量、旅游碳足迹等通过估算所得。两种数据相比较，官方渠道公布的统计数据可信度更高，估算数据由于需要经过重重计算，计算过程需要谨慎，参数选取需要注重适配度，因而更为复杂。

2.2.3 旅游生态效率影响因素

在对旅游生态效率影响因素的相关文献回顾之前，有必要先梳理生态效率的影响因素。当前学者们从不同研究视角对生态效率的影响因素展开研究，包括区域经济、科技研发、产业结构升级、环境监测、城市化进程等。例如，Hinterberger（2000）研究表明，提高地区整体生态效率的较为有效的办法是提升地区本身的硬实力。而通过研究南芬兰 Kymenkakso 区域的生态效率，EU 生态环境项目集团表明，只有综合经济、环境以及社会发展等多个要素才可以整体评估区域经济的可持续发展状况。Wu（2010）认为，在定量分析中国地区经济的基础上，区域环境指标会受到公众广泛宣传环境以及法律和政策的执行两大要素影响。

邓波等（2011）基于我国 2008 年的横截面交叉数据，使用 DEA 三阶段模型衡量省域生态效率，认为环境及随机因素对环境生态效率有很大的影响。付丽娜等（2013）采取 Tobit 面板模型研究了产业结构、城市化进程、外资使用和技术强度等要素对城市群生态效率的影响。沈能和王群伟（2015）使用空间面板模型研究了外部聚集、地理环境和经济贸易等空间属性要素对中国地区性生态效率的影响。李在军等（2016）认为要想提高区域生态效率，就需要将重点放在推进城市化、降低排污费用、加强环保勘查以及增强地方硬实力上，而第一产业比重降低是不利于区域生态改善的。汪克亮等（2017）使用 Tobit 回归模型，实证测试了经济整体水平、工业用水集约度、技术创新、工业化进度、地区差异以及政府环境规制等因素如何影响长江区域经济的绿色水资源效率。罗能生和王玉泽（2017）检验了财政分权、环境规制对生态效率的影响，研究表明在晋升激励体制下，财政分权程度的提升引致生态效率的下降；"整治处理投资型"的环境法规和环境绩效之间存在"U"形关系，"经济激励式"的环境法规对于生态绩效没有明显效用；随着环境法规的更加严苛，财政分权作用于生态效率变得更加容易，从"获取之手"变为"帮助之手"。屈小娥（2018）对影响生态效率的因素进行了实证研究，确立了以下几个因素：经济整体水平、产业结构变化、环境法规、开放化程度和城市化进程。张英浩等（2018）建立了以经济整体水平、技术研发、外资利用能力、产业结构发达程度等作为控制变量的空间计量模型，着重研究了环境法规这一重点要素对国内地区生态经济的作用。邹璇等（2018）认为交通通达度一定程度上决定了生态效率，提高交通通达度的纯效率可以有效促进生态效率，信息的可获得性在提高净技术效率同时，也可以促进生态效率的提升。刘云强等（2018）利用面板 Tobit 模型，就环保科技研发和工业集聚对长江沿岸城市生态效率的影响展开调查，结果表明上述两个要素的影响因地区而异。张广胜和陈晨（2019）发现，高技术服务业较短时间的集聚不会提高生态效率，但长时间的集聚会产生有益反应；制造行业和服务行业的聚集相对于单一产业聚集更加有利于提升生态效率。吴义根等（2019）研究地区人口的持续增长以及工业结构升级对区域生态效率的影响，结果显示资源禀赋和工业结构之间的统一性和连通性对于提高生态效率具有驱动作用。李贝歌等（2021）研究了影响生态效率的因素，包括经济水平、技术投资、经济外向程度、经济密集程度、环境法制以及产业集聚程度。刘淼（2021）以长江经济带的108个地级市为研究对象，运用 SBM－DEA 模型评估其生态效率，以此来研究长江经济带的生态效率在时间以及空间上的特有变化规律，同时采用最小二乘法研究城镇化建设对于区域生态效率的作用。以上关于生态效率影响因素的文献梳理如表 2-4 所示。

表 2-4　生态效率影响因素

序号	作者	年份/年	研究方法	影响因素	研究对象	研究尺度
1	陈傲	2008	因子分析赋权	环保资金投入、环境政策、产业结构	中国	省级
2	崔玮	2013	DEA、Malmquist 指数	经济发展水平、创新能力、土地利用强度、所有制结构和对外开放度	中国	省级
3	郭存芝	2014	因子分析	经济发展水平、产业结构、科技进步、出口依存度、环境改善投入力度、环境资源区位竞争力、城市规模、城市类型	中国	城市
4	汪克亮	2015	Tobit 面板计量回归模型	经济发展水平、工业结构、工业能源消费结构、外资利用水平、政府环境规制力度	长江经济带	省级
5	吴鸣然	2016	DEA 方法、Tobit 模型	经济规模、产业结构、地区因素、区域虚拟变量	中国	省级

续表

序号	作者	年份/年	研究方法	影响因素	研究对象	研究尺度
6	陆砚池	2017	SBM-DEA、Malmquist指数	生态压力、居民生活水平、工业发展水平、生态技术水平、环境生态投入、产业结构	武汉城市圈	城市
7	梁星	2017	熵值赋权法	经济发展水平、产业结构、外资利用水平、环境政策、技术创新、城镇化水平、平均受教育水平	中国	省级
8	刘云强	2018	Tobit模型	绿色技术创新和产业集聚	长江经济带城市群	城市
9	陈作成	2013	产业系统生态效率度量模型	收入变量、结构变量、产业结构、技术变量、制度变量	中国西部地区	省级
10	李强	2018	Malmquist-DEA模型、计量模型	创新、经济增长、产业结构偏离度、产业升级	长江经济带	城市
11	邓霞	2019	Super-SBM模型、Tobit回归模型	地区经济发展水平、产业结构、科技进步和地区因素	长江经济带	城市
12	屈小娥	2018	超效率DEA方法、空间计量模型	经济发展水平、环境规制（命令型环境规制、市场型环境规制）、结构变量（产业结构、禀赋结构、产权结构）、对外开放度（投资开放度、贸易开放度）、城镇化水平	中国	省级
13	田泽	2017	DEA模型、Malmquist指数	经济发展水平、政府规制、城市结构、对外经济、研发强度	"一带一路"沿线	省级
14	邢贞成	2018	Shephard生态距离函数、随机前沿分析模型	经济发展水平、环境规制、产业结构、外资规模	中国	省级

续表

序号	作者	年份/年	研究方法	影响因素	研究对象	研究尺度
15	李贝歌	2021	Super-SBM与计量模型	经济发展水平、工业集聚强度、科技投入、经济外向度、环境规制和经济密度	黄河流域	城市
16	刘淼	2021	最小二乘法	城镇化建设	长江经济带	城市

关于生态效率影响因素的研究文献虽然较为丰富，但仍存在一些不足。一是研究内容上，对于影响因素的指标体系尚未形成统一的观点，诸多学者对指标的选取仍然缺乏严谨的科学论证，更多是从数据的可获得性和研究的便利性出发。二是研究方法上，当前关于生态效率影响因素的研究多采用传统面板数据，以横截面为主，尚未考虑空间效应和区域差异等。

而在旅游生态效率影响因素的分析中，研究者多采用Malmquist指数模型及其拓展模型、面板法、VAR模型等。基于影响因素的分解模型，刘佳等（2013）采用Malmquist指数模型对2001—2010年中国30个地区的旅游生态创新效率进行测度，结果表明在绝大多数情况下，地区生产总值、旅游产业结构、旅游企业规模、旅游生态创新认知度等影响因素对各地区旅游生态创新效率都有一定的促进作用。王玲（2020）在Malmquist指数模型的基础上进行优化，采用了非期望产出的SBM-DEA模型和Malmquist指数模型相结合的方式对邮轮旅游生态效率进行分析，结果表明邮轮旅游生态效率的主要影响因素有邮轮港口基础条件、腹地经济发展和环境政策。徐琼（2020）、程慧（2020）分别在Super-SBM模型的基础上，考虑空间效应，对中国旅游生态效率的影响因素进行探讨，徐琼认为研究期内传统经济因素对旅游生态效率的影响有所减弱，而政策、产业等因素的影响有所增强；程慧认为产业结构、对外开放程度、经济发展水平、技术创新及空间邻接关系等因素对中国旅游生态效率空间关联均具有显著影响，其中空间邻接关系与对外开放程度对其影响最大。基于面板模型，王淑新等（2016）基于面板方法分析秦巴4个典型景区接待游客数量、景区能源利用结构和景区管理水平对景区旅游生态效率的影响，结果表明接待游客数量、景区能源利用结构均对景区的旅游生态效率有显著的正向作用，景区管理的作用效果并不明显。考虑到滞后阶数的影响，卢飞等（2020）采用空间面板误差 Tobit 模型对我国旅游生态效率进行实证研究，结果表明旅游业发展水平、旅游业技术水平、旅游产业结构高度化、教育水平、环境规制与旅游生态效率呈显著正相关，旅游业对外开放与旅游生态效率呈显著负相关，而目前旅游产业结构合理化与旅游生态效率之间的关系较为模糊。钱宏健等（2022）采用面板 Tobit 回归模型对长三角城市群旅游生态效率的影响因素进行探讨，结果表明旅游经济规模、旅游产业结构、科技创新水平、城镇化发展、经济发展水平、建成区绿化覆盖率和对外开放水平对城市群整体和不同省市旅游生态效率影响的空间异质性较强。基于向量自回归及其误差修正模型，针对时间序列，王兆峰等（2018）采用 VAR 模型对湖南武陵山片区旅游产业生态效率影响因素进行分析，结果表明长期内，技术效应、规模效应以及结构效应与旅游产业生态效率之间均存在互相影响的动态响应关系。针对面板数据，魏振香等（2021）使用 PVAR 模型对中国旅游生态效率的影响因素进行分析，结果显示文化氛围、人口素质、公共管理对旅游生态效率表现出区域差异性。

通过以上分析，可以看出国内外学者对旅游生态效率影响因素探索的实证方法主要以 Malmquist 指数模型及其拓展模型、面板法、VAR 模型为主，影响因素体系构建主要有产业结构、规模因素、技术因素等几大类，但由于研究方法、研究对象的不同，旅游生态效率影响因素具有较大的差异性，未得出一致的结论。

◆ 2.3　研究现状述评

通过系统回顾国内外生态效率、旅游生态效率的研究文献，可以发现现有文献关于生态效率和旅游生态效率的研究已较为丰富，其中关于生态效率的概念、应用及评价指标体系等都较为成熟。但是国内外关于旅游生态效率的研究尚处于快速发展阶段，并呈现出以下特点。一是关于旅游生态效率空间尺度的相关研究多集中于个案，从宏观层面的国家、区域（省级）研究到中观层面的地市级和县级研究再到微观层面的旅游目的地和旅游企业研究。二是旅游生态效率测度仍然是研究的重点，单一比值法、模型法以及指标体系法是最具代表性的研究方法，但是在研究的指标选取上仍呈现出较大的差异性，在研究参数的引用上主要参考国外研究，缺乏中国情境下的本土调查研究。三是旅游碳排放量是测算旅游生态效率的关键指标，不管采取何种方法，对旅游碳排放量的估算不可或缺，而在旅游碳排放量的估算上主要采用的方法包括"自下而上"法、"自上而下"法、剥离系数法与生命周期评估法。四是目前关于旅游生态效率的影响因素研究中，国外学者多聚焦于区域的旅游资源、政府制定的旅游政策、区域的管理模式以及旅游区域整体经济发展水平的高低及内部服务性相关行业的发展速度，将其视为影响旅游生态效率的重要原因。而国内学者更多是从整个区域进行宏观方向研究以及分类更严谨的中观研究，主要的影响因素包括区域经济发展水平、政府政策、区域地理位置、信息技术水平、创新能力、服务管理水平等。本研究将在既有文献基础上，采用"自下而上"法和剥离系数法估算旅游碳排放量，以此为基础测算各地区旅游生态效率，进而分析影响因素。

◆ 2.4 相关理论

2.4.1 可持续发展理论

1962年，《寂静的春天》出版；1972年，《增长的极限》报告问世。与此同时，联合国召开了"世界人类环境大会"，会上颁布的《人类环境宣言》提出"环境是人类赖以生存的根本"，以及"只有一个地球"的概念，由此，可持续发展思想进入大众视野。1987年，联合国《我们共同的未来》报告中将发展的主要目标定义为满足人的需求和进一步的愿望，报告认为"可持续发展既要保证满足当代人的需求，同时要求保障后代满足自身需求"，这也是人们最为认可且影响深远的一个定义。可持续发展理论发展至今，不同组织与学者在其内容与内涵上给出了不同诠释，但总体而言，可持续发展的目的是保持"社会经济稳定发展—环境可持续利用—人与自然健康稳定"的相对状态，其中环境的可持续利用是人与社会稳定发展的前提条件，最终是为了达到人与自然、资源以及环境的协同持续发展，其理论研究大致涵盖了社会、经济、环境、资源与技术等层面。

1995年联合国环境规划署与世界旅游组织研究制定了《可持续旅游发展宪章》和《可持续旅游发展行动计划》，有力地促进了旅游业可持续发展。目前，学界关于旅游可持续发展的认识与理念观点尚未统一，主要有四种观点：一是把旅游可持续发展和传统旅游行业放在对立面；二是认为旅游可持续发展与传统旅游业虽有不同，但是有诸多重合的部分；三是认可旅游可持续发展并且积极响应发展趋势，推进传统旅游业转变为可持续发展旅游业；四是认为不管何种旅游方式都应朝着可持续发展的终极目标推进。上述四种观点对旅游可持续发展的理解也直观体现了人们对可持续发展的理解程度，之所以存在观点分歧，是因为人们对旅游可持续发展和人与环境可持续发展的观念在认知上存在差异。

Barbier（1989）提出可持续发展需要整合生物、经济和社会系统分析，Reiger（1996）将宏观环境与微观条件的交互作用看作是对可持续发展的影响，Caldwell（1984）则认为生态可持续发展取决于有效的政治支持，然而被公众广泛接受且符合长期可持续性、相辅相成的公共政策却很少。我国学者包庆德（2001）进一步总结出"生态化是可持续发展的实质与方向"，王成等（2021）表示只有通过协调内外资源利用、经济发展、社会公平、生态保护之间的关系，才能满足当代以及后代村镇主体对美好生活的需要。综上所述，可以发现可持续发展不仅强调了以人为本以及发展的重要性，同时也强调了发展的和谐性、公平性以及全面性。除此之外，还有部分学者（曹立军等，1996）量化了可持续发展水平，并以地域为依据探讨省市县等区域层面的指标（李天星，2013）；部分研究则指出英国更重视社会方面的指标比重，瑞典等国家更加关注效率与公平等方面。

目前，可持续发展理论已经较为成熟，本研究引入可持续发展理论主要表现在旅游生态效率是反映旅游可持续发展能力的一个重要管理工具，能有效识别各地区的旅游可持续发展状态。

2.4.2 生态旅游理论

在"两山"理论的影响之下，强调环境保护、可持续发展以及社区参与的生态旅游已成为热门旅游活动之一。18世纪下半叶，消遣性旅游在社会生产力提高的基础上逐步成长为有一定规模的经济活动，旅游引起的生态环境问题开始初现端倪。1983年，世界自然保护联盟（IUCN）顾问Lacsurain首次提出"生态旅游"一词，并于1987年进一步完善其概念，他将以欣赏自然景色、野生资源及当地文化遗迹为目的前往未受污染的自然区域，定义为生态旅游。1991年，Boo指出生态旅游对扩大就业及提供环境教育有正向影响。1993年，生态旅游协会用"一种在自然区域内负责任的旅行活动"解释生态旅游，这种旅行能在与环境互动的过程中起到保护自然与提升目的地居民福利的双重保障作用。之后，不断有学者对生态旅游的概念和内涵提出了自己的见解，如Sevil与Ercan均从供给视角出发，提出生态旅游的目的是欣赏自然与社会文化。国内对生态旅游的研究始于1993年，王献溥引入了"Ecotourism"一词的中文释义；章牧等（2002）将自然性、独特性、文化性、高雅性、参与性以及持续性描述为生态旅游的六大特征；杨开忠等（2001）认为生态旅游是大众旅游未来的发展走向，是一种可持续关注地区文化的自然旅游。由此可见，对生态旅游内涵的研究都包含了与自然互动以及促进生态系统可持续发展两大方面。因此，打破传统唯经济论的旅游发展模式、倡导可持续发展的生态旅游至关重要。与此同时，还有学者对生态旅游的教育功能、社区收益、相关影响、产品开发以及现存问题等开展了研究，例如对生态旅游游客行为精准识别的监测数据获取、对生态旅游环境承载力的适当评估等。

旅游生态效率强调的可持续性与生态旅游在一定程度上具有较好的契合性，引入生态旅游相关理论将有利于更好地分析"双碳"背景下区域旅游生态效率的提升路径。

2.4.3 生命周期评价理论

1969年可口可乐公司委托美国中西部研究所对饮料容器从原材料采掘到废弃物最终处理的全过程进行跟踪与定量分析，由此引出了生命周期评价（Life Cycle Assessment）理论。生命周期评价理论主要分为目标与范围定义、清单分析、影响评价、结果解释四个步骤。生命周期评价作为通过确定和定量化研究能量和物质利用及废弃物的环境排放来评估一种产品、工序和生产活动造成的环境负载，评价能源材料利用和废弃物排放的影响以及评价环境改善的一种方法，被国内外学者广泛应用。

从产品生命周期评价的概念来看，其具有如下特点：产品生命周期评价面向的是产品系统，该产品既可以是有形使用的产品亦可以是服务产品；产品生命周期评价是"从摇篮到坟墓"的全过程评价，它将产品或服务在其生命周期内所可能产生的环境影响全部考虑在内；产品生命周期评价是一种重视环境影响的评价方法，它的核心特征在于对环境影响的评估。目前国内学者在对旅游消费、旅游可持续发展等的研究中纷纷引入生命周期评价，尤其是在旅游碳足迹和旅游生态足迹的评价中。

旅游过程中旅游者需要离开常住地前往目的地，再从目的地返回常住地，这一过程往往可以被当成一个完整的生命周期。研究区域旅游生态效率的基础就是估算旅游产业碳排放量，对碳排放量的估算要从生命周期视角进行，将旅游者离开常住地到返回常住地的过程视为一个完整的生命周期，并对其在该生命周期内产生的碳排放进行估算，进而测算旅游生态效率。

2.4.4　生态经济平衡理论

生态经济系统、生态经济平衡和生态经济效益作为生态经济学的三个基本理论范畴，它们之间形成了一种相互联系和相互制约的辩证关系。一方面，生态经济系统是经济活动的载体，它决定了生态经济平衡；而生态经济平衡作为生态经济系统运行的动力，推动了该系统的物质循环和能量转换的运动，从而产生了最终的生态经济效益。另一方面，人们追求生态经济效益，必然会影响生态经济平衡；而生态经济平衡也会左右生态经济系统的存亡。生态经济效益评价的实质是经济增长与生态环境协调，生态经济效益的评价原则包括经济效益、社会效益和生态效益的协调统一，即经济高效、社会和谐、生态环境风险小。

旅游业对带动产业发展与扩大就业有积极作用，同时旅游可持续发展以及生态旅游对生态文明建设具有重要作用。然而旅游业却是二氧化碳排放的主要途径，人类在旅游活动中通过旅游交通、餐饮、住宿和娱乐等方式造成的环境问题对旅游的持续发展造成阻碍，旅游者的不断增加会造成可用自然资源的减少。因此，在经济与生态之间找寻平衡点成为区域旅游发展的重要现实需求，而旅游生态效率充分考虑了环境影响和旅游经济的平衡，也是对生态经济平衡理论在旅游业应用的一个响应。

2.5 本章小结

本章节主要从生态效率、旅游生态效率等方面对现有的文献进行回顾,利用 CiteSpace 软件获得可视化图谱、关键词数频统计和聚类结果进行文献计量分析,并在此基础上对已有文献进行系统梳理和总结评述,还进一步介绍了可持续发展理论、生态旅游理论、生命周期评价理论与生态经济平衡理论等相关理论,为研究奠定了理论基础。

可以发现,目前关于生态效率的研究已较为丰富,其中关于生态效率的概念、应用及评价指标体系等已经基本形成共识。但是相比生态效率,旅游生态效率的研究文献数量还较少。关于旅游生态效率空间尺度的研究多集中于个案,测度方法较为单一,尚未形成统一的、科学严谨的评价体系,且对区域旅游生态效率的优化提升机制关注较少。

因此,本研究将针对以上不足之处展开研究,选用"自下而上"视角与旅游消费剥离系数视角对中国大陆地区的旅游生态效率进行测算,并从区域层面对旅游生态效率的时空演变规律和影响因素加以讨论研究,且进一步通过计量模型实证方法较为深入地研究旅游生态效率的影响因素,以为我国区域旅游生态效率提升提出有效建议。

第 3 章

中国区域旅游碳排放估算

旅游业碳排放是测度旅游生态效率的关键指标，因此本章主要对区域旅游碳排放及其变化趋势进行分析，具体结构如下：第一部分详细地阐述了目前国内外学者对旅游业碳排放及其测度方法、估算框架的研究进展；第二部分介绍了利用"自下而上"法对旅游业碳排放量的测算，并对测算结果展开分析；第三部分分析了利用旅游增加值剥离系数法对旅游业碳排放量的测算，并对测算结果展开分析；第四部分主要对两种方法下的结果展开对比分析。

3.1 旅游业碳排放及相关研究进展

3.1.1 旅游业碳排放研究现状

Gössling（2000）首次提出旅游碳排放测度方法，随后成为旅游可持续发展领域研究重点。在研究尺度上，既有景区（Tang et al.，2017）、区域层面（Sun，2014；Rico et al.，2019），也有国家（Gössling et al.，2002；Dwyer et al.，2010；Meng et al.，2016）、全球层面（Gössling，2002；Manfred et al.，2018）；在研究视角上，既有单一旅游业部门视角的碳排放测度（Becken & Simmons，2002；Lin，2010；Tang et al.，2015），也有旅游碳排放的综合测度；在研究区域上，既有发达国家或地区，也有发展中国家或地区[①]；在研究方法上，既有"自上而下"法（Perch-Nielsen，2010；Cadarso et al.，2015），也有"自下而上"法（Gössling et al.，2005；Gössling et al.，2011），还有从生命周期评价视角（Kuo & Chen，2009；Filimonau et al.，2014）出发进行估算；在研究对象上，既有测度旅游直接碳排放（direct carbon emissions），也有测度旅游间接碳排放（indirect carbon emissions）（Munday et al.，2013；Sharp et al.，2016）。

旅游碳排放测度研究主要集中在四个方面。第一，旅游碳排放的因素分解。遵循"技术—结构—规模"的分析框架（查建平等，2017），利用指数分解法（IDA）（Liu et al.，2011；陶玉国等，2014；Robaina-Alves et al.，2016；Tang

---

[①] 相关研究中发达国家或地区有新西兰、澳大利亚、德国、西班牙、法国、瑞士等，发展中国家或地区有中国、塞舌尔、多米尼克等。

et al.，2017）、结构分解法（SDA）（Sun，2016)分析其影响因素。其中结构分解法需要借助投入产出数据，且分解过程中会产生交互项问题，造成分解结果的准确性降低（袁鹏等，2012）。指数分解法由于不需要借助投入产出数据，并且能解决交互性问题（Ang et al.，1998），在旅游碳排放分解中被广泛使用。第二，旅游碳排放影响因素研究。旅游碳排放因素分解主要考虑自身的驱动因素，而对影响旅游碳排放的外部因素的考虑较少（黄和平等，2019）。因此部分学者从社会、经济、旅游的视角进行分析，如社会经济发展水平、服务业发展水平、对外开放水平、旅游资源禀赋、区位条件、城市化水平、旅游经济规模、旅游产业结构等（王凯等，2016；查建平等，2017；黄和平等，2019）。第三，旅游碳排放的空间关系研究，用空间探索性分析（ESDA）、引力模型等对旅游碳排放区域差异、时空格局、空间关联性进行分析（Tang et al.，2013；王凯等，2019）。第四，旅游碳排放与其他变量的关系研究，如利用耦合协调模型分析旅游业碳排放与旅游经济增长的关系（Tang et al.，2014；Chen et al.，2018）、利用ARDL模型分析旅游业碳排放与游客规模的关系（Katircioglu et al.，2014）。

3.1.2 旅游业碳排放测度方法

既有研究中对于旅游碳排放的估算主要有两种思路：一种是"自上而下"（top to the down）法，一种是"自下而上"（bottom to the up）法。"自上而下"法（Becken et al.，2006；Perch-Nielsen et al.，2010；Cadarso et al.，2015）借助旅游卫星账户，通过对旅游业各部门增加值的核算，将各部门占国民经济部门增加值的比例与国民经济部门总的能源消耗相乘，从而得到区域旅游业能源消耗数据，进而估算出旅游碳排放。"自下而上"法基于旅游业部门视角，通过对旅游业各构成部门碳排放的逐步估算加总得到旅游总的碳排放（Becken et al.，2003；Gössling et al.，2005；Nielsen et al.，2010；王凯等，2017；刘军等，2018）。囿于国内旅游业统计数据，除上述两种方法外，近年来基于旅游消费剥离系数进行区域旅游碳排放估算的研究也不断增多（王坤等，2015；潘植强等，2016；查建平等，2017；查建平等，2018；黄和平等，2019）。旅游消费剥离系数（李江帆等，1999）的提出简化了旅游业经济影响分析，通过该系数能够将旅游业收入按部门分解到所对应的国民经济行业增加值，进而获得旅游碳排放数据。此外，基于生命周期评价也能够对旅游碳排放进行估算。该方法的优点是估算得到的旅游碳排放较为准确，缺点是需要大量的基础数据作支撑，如游客详细的花费、游客客源地与目的地的距离等。

3.1.3 旅游业碳排放估算框架

估算旅游业碳排放首先需要界定旅游业系统边界。利用"自上而下"法进行碳排放估算时，其所对应的投入产出表中相关部门达 34 个（查建平等，2018）。利用"自下而上"法进行旅游业碳排放估算时，一般由旅游交通、旅游住宿及旅游活动三部门组成（Gössling et al.，2005）；在采用旅游剥离系数法进行估算时，旅游业直接相关部门一般对应为住宿和餐饮业、交通运输、仓储和邮政业、批发和零售业及其他服务业（王坤等，2015），或交通运输、仓储和邮政业、批发、零售业和住宿、餐饮业（谢园方等，2012）；在利用生命周期评价模型来估算旅游业碳排放时，旅游业根据不同国家或地区的情况，对应不同的部门，如航空、当地交通、住宿和餐饮、零售、娱乐与休闲（Sharp et al.，2016）。

在能源消耗碳排放系数、能源碳含量、碳氧化因子等参数上，目前主要参考联合国政府间气候变化专门委员会的国家温室气体清单指南（IPCC，2006），能源的平均低位发热值主要参考各个国家或地区的能源统计资料，且该参数已经形成共识，具备统一性。但是在交通工具、住宿设施以及旅游活动的碳排放系数选择上，由于各地区旅游业发展差异，以及研究条件的限制，目前没有统一标准，在进行估算时主要参考相关文献。如波音 737 和空客 320 碳排放当量是 135g CO_{2-eq}/Pkm（Chester et al.，2009）或 396 g CO_{2-eq}/Pkm（Gössling，2002）；新西兰酒店每张床位每晚能耗是 155MJ（Becken et al.，2001），塞浦路斯的则是 87MJ（Simmons，2001），中国台湾澎湖岛观光游览者的能耗是 8.5MJ（Kuo et al.，2009）；建筑类旅游吸引物内，每位游客能源消耗则是 3.5MJ（Becken et al.，2002）。旅游剥离系数在中国区域旅游业碳排放估算中被广泛使用，其中商业为 3.0%，饮食业为 19.5%，交通业为 24.8%，邮电业为 7.2%，社会服务业为 54.1%（李江帆等，1999）。本研究将主要采用"自下而上"法与剥离系数法分别估算旅游碳排放。

3.2 "自下而上"法的旅游业碳排放估算

3.2.1 旅游业碳排放组成部门

旅游业碳排放中旅游业由旅游交通、旅游住宿和游憩活动三部门组成，其中旅游交通碳排放量的估算将通过总的客运周转量来计算，计算公式如下：

$$C_t = C_{\text{transport}} + C_{\text{accommodation}} + C_{\text{activity}} \tag{3-1}$$

$$C_{\text{transport}} = \sum \alpha_l \times E_l^t \tag{3-2}$$

$$E_l^t = \beta_m \times C_m \times e_m \tag{3-3}$$

$$C_{\text{transport}} = \sum \alpha_l \times \beta_m \times C_m \times e_m \tag{3-4}$$

其中，C_t 表示旅游业碳排放量，$C_{\text{transport}}$ 表示旅游交通碳排放量，$C_{\text{accommodation}}$ 表示旅游住宿碳排放量，C_{activity} 表示游憩活动碳排放量；α_l 表示 l 省（市、区）能源综合碳排放系数；E_l^t 表示 l 省（市、区）旅游交通总能耗；β_m 表示交通工具 m 中旅游者使用的比例，取值参考魏艳旭等（2012）的研究成果，分别为火车 31.6%、飞机 64.7%、汽车 13.8%、水运 10.6%；C_m 表示交通工具 m 的周转量；e_m 表示交通工具 m 的能耗系数，分别为汽车 1.8 MJ/pkm，飞机 2.0 MJ/pkm，火车 1.0 MJ/pkm，其他 0.9 MJ/pkm（Becken et. al, 2001）。

旅游住宿碳排放量通过式（3-5）—式（3-7）估算：

$$C_{\text{accommodation}} = \sum \alpha_l \times E_l^a \tag{3-5}$$

$$E_l^a = 365 \times \theta_l \times R_l \times B_l \times b \tag{3-6}$$

$$C_{\text{accomomdation}} = \sum \alpha_l \times 365 \times \theta_l \times R_l \times B_l \times b \tag{3-7}$$

其中，E_l^a 表示 l 省（市、区）旅游住宿总能耗；θ_l 表示住宿设施的平均出租率；R_l 表示客房数量；B_l 表示每间客房平均床位数；b 表示住宿设施每床每晚的平均能耗。

游憩活动碳排放量通过式（3-8）—式（3-10）估算：

$$C_{\text{activity}} = \sum \alpha_l \times E_l^c \quad (3\text{-}8)$$

$$E_l^c = E_l^{cn} + E_l^{fn} = \sum (\xi_p \times n_{lp} + \xi_q \times f_{lq}) \quad (3\text{-}9)$$

$$C_{\text{activity}} = \sum \alpha_l (\xi_p \times n_{lp} + \xi_q \times f_{lq}) \quad (3\text{-}10)$$

其中，E_l^c 表示 l 省（市、区）游憩活动总能耗；E_l^{cn} 表示 l 省（市、区）国内旅游者游憩活动能耗，E_l^{fn} 表示 l 省（市、区）入境旅游者游憩活动能耗；ξ_p 表示国内旅游者的第 p 种游览目的能耗系数；ξ_q 表示入境旅游者的第 q 种游览目的能耗系数；n_{lp} 表示 l 省（市、区）第 p 种游览目的国内旅游者的数量；f_{lq} 表示 l 省（市、区）第 q 种游览目的的入境旅游者的数量。依据《中国旅游统计年鉴》，2000—2010 年国内旅游者游览目的合并统计，2011 年开始分为城镇居民游览目的与农村居民游览目的。

3.2.2 旅游交通碳排放量

交通运输的不断发展，交通工具的改善与进步，使出行更为方便且频繁，旅游人次随时间推移不断增加。2000 年我国国内旅游人数仅 7.44 亿人次，2017 年则达 50.01 亿人次，是 2000 年的近 7 倍。旅游人数的大幅度增长势必使得碳排放量加剧增长，作为旅游业中的重要部分，旅游交通所产生的碳排放不可忽视。本研究以民航、铁路、公路、水运 4 种交通方式为主，分别测算 4 种交通方式的碳排放量，然后对其进行加总以表示旅游交通碳排放量。附录中附表 1、附表 2、附表 3、附表 4 分别表示 2000—2017 年各地区各类交通方式的碳排放量估算，附表 5 表示 2000—2017 年各地区旅游交通总碳排放量。

旅游出行方式随经济与科技的进步不断发生改变，本研究通过总的客运周转量来估算旅游交通碳排放量，2000—2017 年旅游交通碳排放量呈上升趋势，从 2000 年的 3561.41 万吨增长至 2017 年的 17935.77 万吨，尤其是 2014—2017 年增长迅速，而 4 种旅游交通方式所产生的碳排放量时间变化特征有所不同（见图 3-1）且在旅游交通碳排放总量中的结构比例也有所不同（见图 3-2）。

单位：万吨

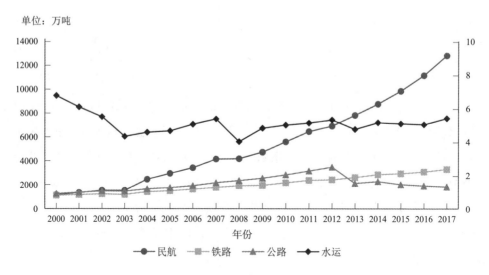

图3-1 2000—2017年4种旅游交通方式碳排放变化趋势图

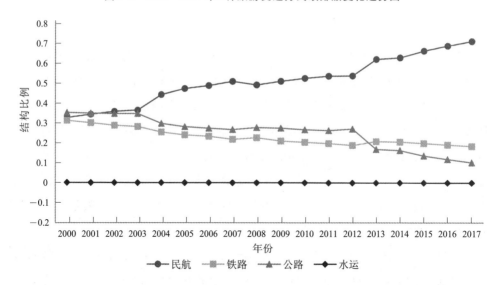

图3-2 2000—2017年4种旅游交通方式碳排放结构图

由图3-1可以看出以下几点。①研究期游客选择民航出行所产生的旅游碳排放量随时间变化不断增加，上升趋势最为明显。2000年民航所产生的碳排放量为1171.68万吨，与铁路、公路近乎相同，2017年则高达12790.76万吨，其碳排放总量与年均增速均远超铁路与公路二者。②2000年、2010年、2017年铁路交通碳排放量分别为1120.41万吨、2167.47万吨、3300.72万吨，研究期内铁路所产生的旅游交通碳排放量保持稳定且缓慢的增长态势，其年均增速约为11.45%，至2017年铁路出行所产生碳排放量仅约为民航碳排放量的四分之一。③研究期内公路出行所产生的碳排放量呈现先上升后下降的态势，具体如下：2000—2012年公路出行所产生的旅游碳排放量处于缓慢上升趋势，2012—2017年开始呈现下降趋势。其主要原因可能是一方面飞机、高铁等交通方式的不断普及，使得游客更愿意选择便捷性与安全性不断提高的民航与铁路出行；另一方面经济的高质量发展使得居民消费水平不断提高，相较于价格因素，游客更重视体验感，因而更愿意选择飞机、高铁等舒适度高的出行方式。④水运出行所产生的旅游碳排放量在研究期内未呈现稳定的变化趋势，增减幅度不断波动，总体而言研究期内其总量变化幅度不大。其主要原因可能是水运出行需要特定的条件，且水运出行所能到达的地方有限，因而研究期内水运所产生的碳排放量一直较为稳定。

近年来，旅游交通结构也在发生显著变化，民航交通发展迅速，逐步代替公路与铁路成为游客的重要选择。起初航空运输速度快，但受经济发展与技术水平的制约，我国机场以及发行班数有限，使得民航旅游交通发展相对较为缓慢，且因其价格昂贵，只有少数旅游者能接受该种旅游交通方式。随着我国经济的发展与技术的不断进步，运输速度快的民航旅游交通开始迅速发展。如图3-1所示，2000—2017年民航旅游交通碳排放持续升高，逐步增加至2017年的12790.76万吨，年均增长率达15.10%；且民航碳排量在旅游交通碳排放中的比重也在逐步加大，其碳排放量在旅游交通碳排放中所占比例也由2000年的32.89%增长至2017年的71.31%（见图3-2），成为旅游交通中碳排放量最大的交通方式。

水路运输受地理条件限制，与其他交通方式相比，其灵活性较弱，内陆地区除长江流域外水路运输普及性不足，加之民航、铁路、公路之间的激烈竞争，水路运输在旅游交通运输中所处地位最低，其产生的旅游交通碳排放量及所占比例也相应最低，2000—2017年水运每年产生的旅游碳排放量均未超过10万吨。

铁路与公路碳排放变化趋势相对稳定。作为我国旅游业发展最重要的交通方式之一，铁路运输具有容量大、受天气影响小、费用低、运输距离远等优势，是旅游者旅行的主要交通方式之一。随着经济的发展，居民消费水平的提高，人们更加追求舒度、便捷的出行体验，铁路运输不如民航快、不如公路灵活等缺点逐渐展现在旅游者面前。2000年铁路运输所产生的旅游碳排放为1120.41万吨，以6.56%的年均增长率增长，2017年达到3300.72万吨，但相较于民航的发展速度仍显缓慢。2000年铁路碳排放占31.46%，与民航几乎持平，而2017年铁路降至

18.40%，民航则高达71.31%。

公路运输最大的优势便是它能够深入旅游目的地内部，游客在进行短途旅游或观光旅游时，会优先选择公路运输这种交通方式，其次公路运输人均能源消耗量大，产生的碳排放更多。2000—2003年公路运输碳排放量在旅游交通中所占比例较高，2003年之后则一直在下降，尤其是2012年之后其产生的旅游交通碳排量占旅游交通总碳排放量的比例下降更为显著。2000—2012年公路运输所产生的旅游碳排放量缓慢上升达到3482.09万吨，之后则在呈现下降趋势，2017年为1838.90万吨。究其原因在于民航运输、铁路运输优势更为突出，游客利用闲暇时间更愿意选择便捷、快速的交通方式进行长途旅行。

3.2.3 旅游住宿碳排放量

酒店是游客旅行过程为其提供食宿的场所，游客在旅行过程中休憩、饮食等都需要在酒店等住宿场所进行，吃饭、居住过程中由于使用各类设施设备均会产生碳排放，因而旅游住宿碳排放也是旅游碳排放中重要的一部分。本研究中旅游住宿碳排放量主要依据式（3-5）—式（3-7）计算得到，该式利用既有研究成果中对住宿设施中每张床位平均碳排放的估算，推算出旅游住宿部门的碳排放量。附录中附表6所示为2000—2017年各地区旅游住宿总碳排放量。

首先本研究通过收集整理获得2000—2017年我国各地区住宿设施的平均出租率、客房数量、每间客房平均床位数、住宿设施每床每晚的平均能耗等数据，然后通过上述数据测算各地区旅游住宿碳排放量，最后对各地区旅游住宿碳排放量进行加总得到研究期间我国旅游住宿碳排放总量。图3-3所示为2000—2017年我国旅游住宿碳排放量变化趋势图。

由图3-3可知，2000年我国旅游住宿碳排放量已经达到441.62万吨，2000年以后，可以将我国旅游住宿碳排放变化趋势大致分为两个阶段：第一阶段为2001—2007年，第二阶段为2008—2017年。2001—2007年我国旅游住宿碳排放量呈逐年递增趋势，至2007年旅游住宿碳排放量达777.51万吨，因而可将此阶段归为发展上升期。2008年由于受金融危机的影响，星级酒店接待游客量较前一年有明显下降。同时由于大住宿业的发展，经济型连锁酒店、精品酒店、民宿、青旅等多种住宿业态的出现，游客选择星级酒店的比例越来越小；此外，全国星级酒店数量也呈现出略微减少的趋势，使得星级酒店接待游客的总量呈现下

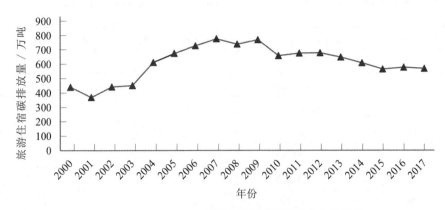

图 3-3　2000—2017 年旅游住宿碳排放量变化趋势图

降趋势，最终多方面原因引起了星级酒店旅游碳排放的下降，2017 年已经降至 569.35 万吨。

3.2.4　游憩活动碳排放量

旅游者前往目的地进行观光、休闲、体验式旅游，无论是参观景区，还是进行各项娱乐活动，都会在游览、娱乐活动过程中产生一定的碳排放。旅游活动的数量庞大、种类繁杂，各项活动的碳排放系数也存在一定差异，因此在计算过程中无法对其进行精准估计。本研究综合国内外学者的研究成果，将游憩活动分为会议商务、观光休闲、探亲访友、服务员工与其他五大类，通过各地区国内旅游者游憩活动能耗、入境旅游者游憩活动能耗、各种游览目的入境旅游者的数量、各种游览目的国内旅游者的数量以及国内旅游者各种游览目的能耗系数、入境旅游者各种游览目的能耗系数等数据，估算我国 2000—2017 年游憩活动所产生的碳排放量。附录中附表 7 表示 2000—2017 年各地区游憩活动总碳排放量。2000—2017 年我国旅游者游憩活动碳排放量如表 3-1 所示。

表 3-1　2000—2017 年中国旅游者游憩活动碳排放量汇总表

年份/年	入境旅游者/千人次	国内旅游者/千人次	碳排放量/万吨
2000	31123.50	112880.11	165.92
2001	34176.03	127154.03	185.75
2002	39141.84	144783.80	216.89

续表

年份/年	入境旅游者/千人次	国内旅游者/千人次	碳排放量/万吨
2003	30920.88	135987.93	244.99
2004	45001.78	174662.17	299.40
2005	54526.07	201458.76	354.37
2006	62806.83	238770.37	420.51
2007	74568.67	281035.91	486.65
2008	76147.43	315836.76	582.44
2009	81347.18	375269.40	655.90
2010	97763.75	462451.30	746.36
2011	109503.14	568035.10	812.68
2012	119360.98	680216.28	989.73
2013	115229.26	779959.33	1125.09
2014	112523.80	880818.93	1538.68
2015	117229.45	960267.00	1741.80
2016	124750.90	1124479.75	1721.41
2017	132747.91	1323645.01	1971.92

从表3-1中数据可以看出以下几点。①2000—2017年我国入境旅游者与国内旅游者人数均在不断增加，旅游者游憩活动所产生的碳排放量总体也呈现出上升趋势，研究期年均增长率约为15.91%，仅在2016年呈现小幅度下降趋势。②2000年我国旅游者游憩活动所产生的碳排放量仅为165.92万吨，占旅游业总碳排放量的4.00%；2017年我国游憩活动所产生的碳排放量已经达到1971.92万吨，占旅游总碳排放量的9.63%。研究期内游憩活动所产生的碳排放量占旅游业碳排放总量的比例呈现持续上升趋势。与旅游住宿相比，游憩活动所产生的碳排放量占比逐步提升，至2010年超过旅游住宿碳排放量占比。

3.2.5 旅游业碳排放总量

通过"自下而上"法对旅游交通、旅游住宿、游憩活动三部门数据进行加总后得到2000—2017年中国旅游业碳排放总量（见图3-4），2000—2017年我国旅游业碳排放结构比例如图3-5所示。图3-4显示，2000—2017年我国旅游业碳排放总量呈显著上升趋势，研究期内我国旅游业碳排放量年均增速达9.81%。2000年旅游业碳排放总量为4168.94万吨，其中：旅游交通碳排放量为3561.41万吨，占总体的84.47%；旅游住宿碳排放量为441.61万吨，占总体的10.60%；游憩活动碳排放量为165.92万吨，占总体的4.00%。2009年旅游碳排放总量首次突破亿吨，达到10664.98万吨。2017年旅游碳排放总量增长至20477.02万吨，其中旅游交通碳排放量为17935.76万吨，占总体的87.59%；旅游住宿碳排放量为569.35万吨，占总体的2.78%；游憩活动碳排放量为1971.92万吨，占总体的9.63%。

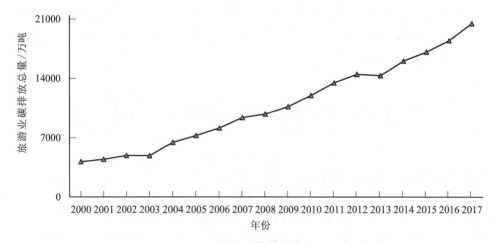

图3-4　2000—2017年中国旅游业碳排放总量趋势图

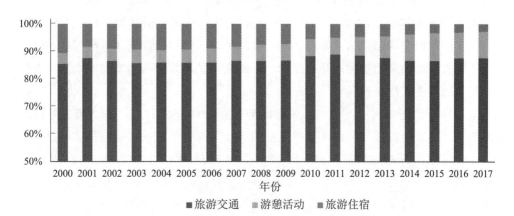

图3-5　2000—2017中国旅游业碳排放结构比例图

从图 3-5 可以看出，我国旅游业碳排放主要来自旅游交通部门，研究期内旅游交通部门所产生的碳排放量占我国旅游业碳排放总量比例均达 84% 以上；而住宿部门所产生的碳排放量占比则随时间推移呈现出逐年递减态势，其中 2000—2009 年住宿部门所产生的碳排放量占比高于游憩活动部门占比，2009 年之后我国旅游业碳排放量构成结构发生显著变化，旅游住宿部门由我国旅游业碳排放第二大部门转变为第三大部门。产生此现象的原因主要在于我国旅游住宿市场发生了变革，星级酒店住宿不再是游客的第一选择，精品酒店、民宿、经济型连锁酒店等非星级住宿设施逐步成为游客出行的首选；同时星级酒店已经不再是高品质酒店的代名词，新开的国际品牌管理的高档豪华酒店也不再选择挂星。上述原因均导致了星级酒店部分统计指标下降，最终使得星级酒店的总能耗下降。而游憩活动随着国内旅游的大发展，其碳排放总量必然呈现上升趋势，因此最终超过旅游住宿部门碳排放量。

◆ 3.3　旅游增加值剥离系数法的旅游业碳排放估算

3.3.1　旅游增加值剥离系数法

虽然"自下而上"的旅游碳排放估算方法使用较为广泛，但仍存在以下问题：一是旅游碳排放估算的参数过于老旧，既有研究成果参考的住宿、交通以及游憩活动等相关的碳排放参数均来源于一些 10 年甚至 20 年前的文献；二是存在较大的旅游碳排放"漏损"，旅游业涉及活动部门众多，但是为了估算方便一般假设旅游业由交通、住宿、游憩活动、餐饮等部门组成，即使在这些部门中也存在旅游碳排放剥离困难的问题。因此，本研究尝试用旅游增加值剥离系数再次估算我国旅游业碳排放量。

第一步：首先利用《中国能源统计年鉴》（2001—2018 年）中各地区的能源平衡表，将表中各部门的终端消费量换算成标准煤，按第一产业、第二产业、第三产业将表中的 7 个部门进行划分（具体划分见表 3-2），算出各地区第三产业的终端消费量占整体的比例 β_i（$i=1, 2, \cdots, 30$），由于公布数据有所缺失，所以不包含西藏自治区。

表 3-2　终端消费量产业分类表

产业类别	部门
第一产业	农、林、牧、渔业
第二产业	工业
	建筑业
第三产业	交通运输、仓储和邮政业
	批发、零售业和住宿、餐饮业
	其他
	生活消费

第二步：根据中国碳核算数据库（CEADs）所公布的2000—2017年各地区碳排放总量以及测算出的第三产业能源消耗比例计算得到第三产业的碳排放量。

$$SC = \sum SC_i = \sum C_i \beta_i$$

其中，SC为我国第三产业碳排放总量，SC_i表示i地区的第三产业碳排放量，C_i为i地区的碳排放总量，β_i为估算的i地区第三产业能源消耗比例。

第三步：参考李江帆等（1999）提出的旅游消费剥离系数思路，将旅游业收入按增加值率换算成旅游业增加值，进而获得各区域旅游业碳排放数据。

$$TC = \sum TC_i = \sum SC_i r_i$$

$$r_i = \frac{A_i b}{T_i}$$

其中，TC表示我国旅游业碳排放总量，TC_i表示i地区旅游业碳排放量，r_i表示i地区的旅游增加值占第三产业增加值比例（见表3-3），A_i表示i地区的旅游总收入，b表示旅游产业增加值率，T_i表示i地区的第三产业增加值。

表 3-3　各地区旅游产业增加值率[①]

地　区	增加值率/（%）	地　区	增加值率/（%）
浙江	36.6	陕西	38.3
湖南	25	云南	27.6

① 增加值率数据来源于各地公开新闻报道，或根据公开新闻的旅游增加值与当年旅游收入的比值计算得出。由于部分地区数据缺失，将按照插值法的思路进行补齐。

续表

地 区	增加值率/（%）	地 区	增加值率/（%）
四川	35.6	湖北	42.8
北京	39.8	山西	53.6
上海	41.9	黑龙江	25.8
广东	49.6	新疆	55
贵州	15.1	江苏	44.6
青海	26.3	河南	44.7
海南	53.2	重庆	42.5
江西	48.2	河北	38.9
安徽	47.0	吉林	45.8
山东	50.3	福建	36.6
甘肃	22.8	广西	22.6*
内蒙古	38.4*	辽宁	35.8*
天津	39.4*	宁夏	30.6*

注："*"表示该地区旅游产业增加值率按照插值法估算。

3.3.2 旅游业碳排放测算结果

通过旅游增加值剥离系数法计算得到2000—2017年中国旅游业碳排放总量，详见表3-4。数据显示，我国旅游业碳排放总量变化趋势与我国旅游经济变化趋势大体相同。研究期内随着我国居民消费水平的提高，我国旅游总人次与旅游总收入呈现明显上升趋势，2017年我国旅游总收入已经高达158982.48百万元，接近2010年的4倍，是2000年的19倍有余。旅游业已逐渐成为我国经济发展的支柱产业，旅游业碳排放量占全国碳排放总量的比例也在不断上升。

表 3-4　2000—2017 年我国旅游业碳排放总量汇总表

年份/年	旅游总收入/百万元	旅游业碳排放总量/万吨
2000	8227.59	11352.07
2001	9644.54	12649.63
2002	11366.94	14113.30
2003	10879.31	14215.12
2004	14860.42	19783.74
2005	17829.02	26341.82
2006	21586.89	26598.55
2007	26431.19	29096.08
2008	29978.27	34637.24
2009	36164.63	40710.00
2010	45228.91	52300.54
2011	56527.77	60864.81
2012	68749.35	69280.44
2013	80150.02	83709.36
2014	93875.78	80443.18
2015	107889.07	83263.35
2016	129935.19	93842.68
2017	158982.48	106502.09

2000—2017 年，我国旅游业碳排放总量年平均增长率高达 14.08%。2000 年旅游业碳排放总量为 11352.07 万吨，仅占全国碳排放总量 315209.90 万吨的 3.60%；2010 年全国碳排放总量达 913475.37 万吨，而旅游业碳排放总量增长至 52300.54 万吨，占全国碳排放总量的 5.73%；2017 年我国旅游业对 GDP 的综合贡献高达 9.13 万亿元，占 GDP 的 11.04%，当年旅游业碳排放总量快速增长至 106502.09 万吨，仅旅游业碳排放总量便达到全国碳排放总量的 9.22%。研究期内除 2014 年我国旅游业碳排放总量出现了较为明显的负增长外，其余年份均显

著增加。产生该种变化趋势的主要原因可能是2014年我国能源消耗模式发生改变，国家更多地采用了水能、太阳能、风能等可再生能源来发电，新能源的充分利用使得2014年我国碳排放总量相比2013年下降了2%，与此同时可再生能源的充分利用同样也使得旅游业碳排放总量相比前一年有所下降。2014—2017年我国旅游总收入呈快速增长趋势，但旅游业碳排放总量增长趋势却相较于前几年有所变缓，其主要原因是我国采取了低碳减排政策等措施大力开展节能减排行动，同时对原有能源消耗模式进行调整，降低化石能源等高排放能源的使用，提升可再生能源的使用比例，为实现"碳中和""碳达峰"不断努力，进而推动旅游业节能减排的有效实施，使得旅游业碳排放总量在旅游经济高速增长时能以缓慢的速度增长。

◆ 3.4 旅游业碳排放估算比较分析

通过不同的方法对我国旅游业碳排放总量进行测算，发现两种方法在结果上有着较大差异。表3-5所示为2000—2017年"自下而上"法与旅游增加值剥离系数法测算的旅游业碳排放量。由"自下而上"法所估算的我国旅游业碳排放总量在2000年、2010年和2017年分别为4168.94万吨、11998.44万吨和20477.02万吨，2017年旅游业碳排放总量接近2010年的两倍，比2000年增长了3.91倍，但占全国的比重却仅从2000年的1.32%增至2017年1.77%，增加幅度较小。旅游增加值剥离系数法计算的旅游业碳排放总量在2000年为11352.07万吨，占全国比重为3.60%；2010年达52300.54万吨；2017年占比增至9.22%，总量高达106502.09万吨。该方法测算的旅游业碳排放增长幅度以及旅游业碳排放量占全国比重均远大于"自下而上"法的测算结果。虽然在旅游业碳排放估算结果上呈现较大的差异，但两种方法计算的旅游业碳排放总体上都呈现显著上升趋势，且随着旅游规模的扩大，旅游业并不是如大家所认同的那样对环境没有影响。

"自下而上"法在估算中对于旅游产业组成部门的简单处理，导致了旅游业碳排放估算存在漏损，因此估算结果与旅游增加值剥离系数法相差较大。"自下而上"法是从微观层面对旅游部门进行层层分类，然后对各部门求和来测算旅游业碳排放总量，这种方法更为细致，但计算繁杂，易出现误差。产生误差的主要

表 3-5 2000—2017 年我国旅游业碳排放量统计表

年份/年	"自下而上"法旅游碳排放/万吨	占全国碳排放比重/（%）	旅游增加值剥离系数法旅游碳排放/万吨	占全国碳排放比重/（%）
2000	4168.94	1.32	11352.07	3.60
2001	4456.10	1.36	12649.63	3.85
2002	4904.46	1.35	14113.30	3.88
2003	4871.27	1.13	14215.12	3.30
2004	6449.91	1.30	19783.74	4.00
2005	7251.26	1.25	26341.82	4.53
2006	8137.51	1.30	26598.55	4.26
2007	9378.09	1.43	29096.08	4.43
2008	9784.10	1.31	34637.24	4.63
2009	10664.98	1.31	40710.00	4.99
2010	11998.44	1.31	52300.54	5.73
2011	13481.14	1.31	60864.81	5.92
2012	14483.27	1.37	69280.44	6.56
2013	14325.85	1.27	83709.36	7.45
2014	16044.64	1.42	80443.18	7.10
2015	17105.92	1.54	83263.35	7.50
2016	18459.91	1.64	93842.68	8.36
2017	20477.02	1.77	106502.09	9.22

原因有以下几点。其一，旅游部门划分不够全面。旅游业是一个综合性产业，涉及面广，部门细分较为复杂。但本研究中测算的旅游业碳排放量仅来自旅游交通、旅游住宿以及游憩活动三大部门，其他部门的碳排放量未包括在内，因而使得测算数据结果偏小。其二，旅游住宿部门与游憩活动部门部分数据收集存在局限性。目前我国住宿业只对星级酒店数据进行完全统计，本研究在测算旅游住宿碳排放量时主要对星级酒店碳排放进行汇总，无法将非星级酒店和民宿的碳排放

量包括在内，因而会使得估计结果小于实际结果。游憩活动部门中旅游目的种类繁多，但健康医疗、宗教旅游等类别无法进行精准划分，估算时将其划分在其他类别之中，因此会使得测算结果产生偏差。其三，本研究所采用的旅游交通能耗系数源自2001年Becken的研究结果，该系数的引用忽略了近年来旅游业发展变化的影响。一方面，交通方式随时间变化产生了一定的改变，研究初期公路出行中更多的是使用油耗汽车，而随着低碳理念的深入，电动汽车使用数量剧增，该种变化势必会对交通工具能耗系数产生影响；另一方面，科学技术和经济的发展使得交通工具更为低碳节能，能耗系数会产生一定变化，但本研究在估算中无法对该种变化带来的影响进行具体的衡量。

旅游增加值剥离系数法从宏观视角进行测算，计算过程更为简洁清晰，数据处理相对简单，其测算结果可能更接近旅游业实际碳排放量[①]。但模型构建与数据获取过程中仍会使测算结果产生一定的偏差，造成偏差的主要原因来自以下几个方面：一是旅游产业虽然属于第三产业，但第三产业中各产业所创造单位增加值的碳排放可能会有差异，而该方法忽略了这种差异；二是旅游产业增加值率应为动态的数据，而本研究由于数据获取困难，假设研究期内旅游产业增加值率不变；三是旅游收入数据本身存在的统计口径差异，使得部分地区间旅游收入不适宜进行比较。

3.5 本章小结

本研究中对于旅游生态效率的测度选用旅游业碳排放量作为环境影响指标，由于国民经济账户中没有公布旅游业碳排放量，因而估算旅游业碳排放量是本研究中比较重要的部分。本章主要通过"自下而上"法和旅游增加值剥离系数法分别对中国省域旅游业碳排放进行估算，并将通过两种方法得到的结果进行分析对比，一方面为后续学者选择旅游业碳排放估算方法提供参考，另一方面为后续研

[①] 研究显示2013年全球旅游业碳排放达到45亿吨，约占当年全球碳排放8%（Manfred et al., 2018），而2005年全球旅游业产生碳排放为13亿吨，约占当年全球碳排放4.9%（UNWTO et al., 2008）。

究中旅游生态效率的测度提供数据支持。

首先,通过"自下而上"法从微观层面对旅游部门进行层层分类,然后对各部门求和得到旅游业碳排放总量,该部分测算主体为中国大陆地区的31个省级行政区。通过数据分析可知,我国旅游业碳排放总量主要来自旅游交通部门,旅游住宿部门与游憩活动部门碳排放量占我国旅游业碳排放总量比例远低于旅游交通部门。

其次,通过旅游增加值剥离系数法对30个省级行政区(未包含西藏自治区)测算旅游业碳排放量。数据结果显示:2000—2017年我国旅游业碳排放量年平均增长率高达14.08%;除2014年我国旅游业碳排放总量出现了较为明显的负增长外,其余年份均显著增加,其旅游业碳排放总量变化趋势与我国旅游经济变化趋势大体相同。

最后,对两种方法下的估算结果进行分析比较,对比发现两种计算方法依赖不同的模型与数据,所测算的我国旅游业碳排放总量都呈现显著上升态势,但两种方法所得结果之间存在较大差异,旅游增加值剥离系数法估算所得旅游业碳排放总量远大于"自下而上"法的测算结果。

第 4 章

中国区域旅游生态效率测度

对旅游生态效率的准确测度，是确保后续研究具有可行性和说服力的基础，本章节对旅游生态效率的测度方法及测度过程进行详细的描述，并揭示基本测度结果。具体结构如下：第一部分选取旅游生态效率测度方法与测度指标；第二部分分析区域旅游生态效率的测度结果；第三部分分析城市旅游生态效率的测度结果；第四部分探讨旅游生态效率库兹涅茨曲线；第五部分对旅游可持续发展水平进行比较分析。

4.1 旅游生态效率测度方法与测度指标

旅游生态效率作为评价旅游产业经济效益与环境影响协调的指标之一，逐渐成为当下学者定量衡量旅游业可持续发展能力的重要理论工具。本部分将基于省域空间尺度探索我国旅游生态效率的空间格局与区域差异，为我国旅游产业高质量发展以及实现旅游业"双碳"目标提供参考。

旅游生态效率作为定量衡量旅游业可持续发展能力的重要理论工具，国外学者将其描述为单位旅游经济价值所排放的二氧化碳量，现多用旅游经济效益与环境影响的比值作为生态效率，旨在通过最小资源投入和环境破坏，获得最大经济社会产出，以实现旅游产业链增值和核心竞争力提升。旅游生态效率测度模型构建与评估研究受到广大学者的关注，根据 WBCSD 关于生态效率的界定，生态效率的指标体系主要包含经济效率和环境效率两个方面，通过该生态效率定义所提出的计算公式在研究与应用中被普遍接受。

$$生态效率 = \frac{产品或服务的价值}{环境影响} = \frac{产品或服务的增量}{环境增量}$$

根据研究目的与研究对象的变化以及数据获取的难易程度，不同学者采取了不同的方法测量旅游生态效率，目前国内外涉及旅游生态效率测算的方法主要有单一比值法、模型法以及指标体系法，且每种方法都有其自身的适用性及优缺点。

模型法是目前较有发展前途的预测方法之一，因其科学有效的评价模型在效率问题中得到了广泛使用。其中，数据包络分析（DEA）法、生命周期评价（LCA）法、投入产出（IOM）法是较为典型的测算模型。目前对于旅游生态效率测度，国内外学者主要采用两类模型：一类是加入环境影响的生产率模型，该模型又可分为两种，即参数模型——随机前沿模型（SFA），非参数模型——数据包络分析（DEA）；另一类是可以处理多个环境指标影响的前沿生态效率模型，这类模型既考虑传统的投入产出，同时也会考虑生产过程中的非合意产出。

指标体系法的关键是选取合适的旅游生态效率影响因素从而构建指标体系，通常包含以旅游经济效益为代表的投入指标以及以环境影响为代表的产出指标，并通过权重法或熵值法进行核算。该方法由于评价更为全面，更适合分析较为复杂的研究对象，是更为理想的样本考察方法。大部分学者在测算全国、省域、城市尺度的旅游生态效率时，多选择旅游总收入、旅游总人次等作为经济指标，以能源消耗、温室气体排放、废水排放、臭氧消耗排放、废弃物、水使用量等作为环境指标。但是指标体系法中的指标众多，无法对不同研究对象的相对效率进行横向比较，且各指标的权重设定依赖于研究者主观判断下的赋权法，导致测算结果无法排除主观赋权的影响，降低了研究的科学性，因此该方法在国内旅游生态效率研究上很少被使用。

单一比值法在以上方法中是较容易理解的方法，该方法借助了WBCSD所定义的生态效率，即产品或服务质量与旅游环境影响的比值。一般情况下，产品或服务质量通常用旅游经济收入、产品或服务销售额增加值代替，为避免重复计算，并未将间接经济效益包含在内；旅游环境影响则用生态足迹、碳排放量或旅游资源消耗量等表示，除此之外，环境影响变量还可以用生物量或矿物矿石、化石燃料和土地利用等进行替换。由于旅游生态效率是生态效率概念在旅游业中的延伸，以往的研究中各学者也常采用单一比值法对旅游生态效率进行测算，该方法思路清晰明了，计算过程相较于其他方法更为简洁，同时该方法测度得到的结果是绝对值，而非前两种方法得到的相对值，因而可以进行横向与纵向比较，甚至可与国际地区的旅游生态效率进行比较（见表4-1）。

表4-1　旅游业碳排放效率值比较

国家或地区	旅游业碳排放效率值	研 究 者
中国	0.1193 $kgCO_{2-e}$/\$（2000），0.0309 $kgCO_{2-e}$/\$（2013）	刘军等
中国武陵源	11.77kg CO_{2-e}/\$（1979），0.1332kg CO_{2-e}/\$（2015）	Tang et al
瑞士	0.31kg CO_{2-e}/CHF，0.281kg CO_{2-e}/CHF（2005）	Perch—Nielsen et al

续表

国家或地区	旅游业碳排放效率值	研究者
英国	0.85kg CO_{2-e}/€ (2008)	Perch—Nielsen et al
西班牙	0.44kg CO_{2-e}/€ (2008)	Perch—Nielsen et al
法国	2.1 kg CO_{2-e}/€ (2005)	Gössling et al
荷兰	0.09 kg CO_{2-e}/€ (2005)	Gössling et al
可持续水平	0.24 kg CO_{2-e}/€ (2005)	Gössling et al

目前我国省域旅游统计资料较少，使用其他方法存在一定困难。鉴于此，本研究以单一比值法为测度方法，选取旅游总收入作为旅游业经济指标，选取旅游业碳排放总量作为旅游业环境影响指标。测算2000—2017年我国各地区旅游生态效率值，由于部分地区数据缺失严重，因而本研究不包括西藏自治区和香港、澳门、台湾地区。

$$旅游生态效率值 = \frac{旅游业碳排放总量}{旅游总收入}$$

4.2 区域旅游生态效率测度及比较

旅游生态效率能够可靠地评价区域旅游业发展水平以及可持续发展程度，因而其测算结果成为研究旅游生态效率时空演变的有效工具。本研究分两个方面对旅游生态效率水平进行测度：一方面以各地区为样本，分析其时序数据，反映不同地区旅游生态效率水平变动趋势的差异；另一方面对横截面数据进行测算，最后测算结果可以表示不同年份旅游生态效率综合水平的分布特征。表4-2、表4-3所示分别为部分年份单一比值法所测得"自下而上"和旅游增加值剥离系数两种视角下地区旅游生态效率值，其余年份具体数值见附录中附表10和附表11。由于两种视角下所估算的旅游业碳排放总量有所不同，"自下而上"法所估算的旅游业碳排放总量明显低于旅游增加值剥离系数法所估算的旅游业碳排放总量，因而测得的旅游生态效率值存在显著差异，即"自下而上"法得到的区域旅游生态效率值显著低于旅游增加值剥离系数法估算的区域旅游生态效率值。

表 4-2 "自下而上"法旅游生态效率值测度结果　（单位：$kgCO_{2-e}/¥$）

地　区	2000年	2005年	2010年	2015年	2017年
北京	0.0276	0.0386	0.0384	0.0319	0.0321
天津	0.0137	0.0122	0.0116	0.0109	0.0111
河北	0.1029	0.0660	0.0405	0.0142	0.0098
山西	0.1344	0.0826	0.0376	0.0178	0.0150
内蒙古	0.2009	0.0720	0.0300	0.0163	0.0133
辽宁	0.0776	0.0327	0.0135	0.0122	0.0105
吉林	0.1166	0.0384	0.0216	0.0084	0.0057
黑龙江	0.0721	0.0536	0.0285	0.0290	0.0260
上海	0.0293	0.0435	0.0422	0.0505	0.0510
江苏	0.0309	0.0194	0.0100	0.0062	0.0055
浙江	0.0391	0.0225	0.0158	0.0099	0.0089
安徽	0.0990	0.0783	0.0369	0.0108	0.0073
福建	0.0383	0.0236	0.0195	0.0145	0.0117
江西	0.0909	0.0585	0.0338	0.0140	0.0098
山东	0.0445	0.0299	0.0199	0.0101	0.0090
河南	0.0538	0.0380	0.0219	0.0122	0.0108
湖北	0.0547	0.0486	0.0257	0.0114	0.0096
湖南	0.1076	0.0591	0.0274	0.0136	0.0079
广东	0.0385	0.0486	0.0413	0.0212	0.0210
广西	0.0448	0.0399	0.0368	0.0147	0.0108
海南	0.0885	0.0816	0.0882	0.0680	0.0684
重庆	0.0379	0.0279	0.0193	0.0151	0.0132
四川	0.0679	0.0404	0.0214	0.0137	0.0107
贵州	0.1232	0.0524	0.0217	0.0135	0.0096

续表

地 区	2000年	2005年	2010年	2015年	2017年
云南	0.0488	0.0387	0.0238	0.0109	0.0057
西藏	0.0364	0.0306	0.0200	0.0092	0.0161
陕西	0.0886	0.0636	0.0323	0.0138	0.0087
甘肃	0.2561	0.1266	0.0569	0.0169	0.0108
青海	0.0526	0.0383	0.0311	0.0157	0.0126
宁夏	0.1628	0.1224	0.0660	0.0447	0.0330
新疆	0.1029	0.0847	0.0620	0.0230	0.0146
均值	0.0801	0.0520	0.0321	0.0185	0.0158

表 4-3 旅游增加值剥离系数法旅游生态效率值测度结果　（单位：$kgCO_{2-e}/￥$）

地 区	2000年	2005年	2010年	2015年	2017年
北京	0.0819	0.0685	0.0402	0.0224	0.0151
天津	0.3112	0.1634	0.0885	0.0188	0.0372
河北	0.3560	0.1734	0.1119	0.0765	0.0514
山西	0.1740	0.2839	0.4215	0.4357	0.3552
内蒙古	0.2830	0.3732	0.4985	0.2645	0.1809
辽宁	0.2509	0.2618	0.1819	0.1000	0.0906
吉林	0.2995	0.2742	0.1897	0.0972	0.0842
黑龙江	0.3581	0.3528	0.3416	0.2354	0.1934
上海	0.0899	0.0885	0.0509	0.0281	0.0231
江苏	0.0874	0.0679	0.0433	0.0265	0.0219
浙江	0.0867	0.0933	0.0694	0.0393	0.0309
安徽	0.1111	0.0972	0.0805	0.0717	0.0563
福建	0.0901	0.0754	0.0607	0.0368	0.0277
江西	0.1377	0.1182	0.0758	0.0452	0.0369

续表

地 区	2000年	2005年	2010年	2015年	2017年
山东	0.1088	0.2043	0.1442	0.0607	0.0561
河南	0.1634	0.1617	0.1044	0.0640	0.0529
湖北	0.1390	0.1148	0.0962	0.0423	0.0351
湖南	0.0933	0.1106	0.0771	0.0490	0.0401
广东	0.0973	0.0758	0.0550	0.0310	0.0302
广西	0.0513	0.0555	0.0784	0.0451	0.0367
海南	0.0756	0.0528	0.1484	0.0984	0.0630
重庆	0.0845	0.0852	0.0609	0.0418	0.0272
四川	0.1536	0.3998	0.0876	0.0333	0.0247
贵州	0.5577	0.4638	0.3625	0.2412	0.1950
云南	0.1599	0.1550	0.1053	0.0528	0.0411
西藏	—	—	—	—	—
陕西	0.2094	0.3682	0.2276	0.1399	0.1389
甘肃	0.3907	0.2409	0.1745	0.1043	0.0931
青海	0.2000	0.2716	0.1446	0.0733	0.0638
宁夏	0.1757*	0.4091	0.2963	0.1468	0.1897
新疆	0.4611	0.3325	0.2721	0.1610	0.1543
均值	0.1827	0.1933	0.1513	0.0930	0.0789

注：西藏由于统计数据缺失，暂未计算；宁夏2000—2002年的部分统计数据缺失，因而其2000年旅游生态效率值用2003年数据替代。

但从各地区旅游生态效率总体均值来看，不同视角下的旅游生态效率均值都随时间变化呈现下降趋势。以"自下而上"法算得的旅游业碳排放总量进行测算，旅游生态效率均值从2000年的0.0801kgCO$_{2-e}$/￥下降到2017年的0.0158kgCO$_{2-e}$/￥；以旅游增加值剥离系数法估算的旅游业碳排放量进行测算，旅游生态效率均值从2000年的0.1827kgCO$_{2-e}$/￥下降到2017年的

0.0789kgCO$_{2-e}$/¥。其中"自下而上"视角下，2000—2008年只有不到一半的地区，其旅游生态效率值低于旅游生态效率均值，而2017年区域旅游生态效率值低于旅游生态效率均值的地区数量已经达到20个。旅游增加值剥离系数视角下区域旅游生态效率值低于旅游生态效率均值的地区数量从2000年的12个增加到2017年的20个。

从横向对比来看，两种视角下区域旅游生态效率均存在显著差异。研究期内"自下而上"视角下，除北京、上海两地，其余地区旅游生态效率值均在不断下降，即各地区旅游生态效率在不断优化，每创造1单位旅游收入的碳排放量在下降，而北京、上海旅游生态效率却呈现波动状态。北京2000年旅游生态效率值仅为0.0276kgCO$_{2-e}$/¥，2004年达到最高0.0418kgCO$_{2-e}$/¥，2017年为0.0321kgCO$_{2-e}$/¥，相较于2000年也有所上升；上海旅游生态效率值除少数年间呈现下降趋势外，研究期内多处于上升状态，2000年仅0.0293kgCO$_{2-e}$/¥，而2017年上升至0.0510kgCO$_{2-e}$/¥。究其原因，可能是北京、上海两地是我国重要的航空交通枢纽与铁路中心，旅游交通碳排放增加较快，而旅游收入增长未赶上碳排放的增长幅度，导致两地旅游生态效率值与全国其他地区不同。海南、宁夏、新疆、甘肃、河北等地区旅游生态效率值明显高于其他地区，即其旅游生态效率低于其他地区，这可能是由于上述地区交通通达性较差，航空、公路是游客的主要出行方式，因此交通碳排放量高于其他地区，整体旅游生态效率均值偏高。江苏、浙江、山东等地旅游生态效率值一直处于相对较高状态，这可能是由于上述地区经济发达，交通路网完善，区域内居民出游率高，旅游消费旺盛。对地区旅游生态效率值进行排序发现，广东、上海、北京、黑龙江排名在不断靠后（按数值从小到大排），广东、上海、北京三地从旅游生态效率前10名跌至旅游生态效率最后10名之中；相比之下，吉林、贵州、安徽、湖北、云南其旅游生态效率值从排名相对靠后位置逐渐排到最前的10名之中，即上述地区的旅游生态效率显著提高。

对利用旅游增加值剥离系数法测算出的2000—2017年区域旅游生态效率值进行比较（见表4-3），北京、上海、重庆、福建、浙江、广东地区的旅游生态效率持续处于相对较高状态，说明这些地区在能源节能减排以及旅游经济发展方面领先其他地区。而贵州、新疆、甘肃、黑龙江、辽宁、吉林等地区受地理位置所限，其旅游生态效率处于相对较低状态，说明这些地区在能源结构、交通可达性与旅游经济某一方面或全部不够优越，造成旅游收入增速滞后或旅游碳排放过高，因而旅游生态效率较低。海南、湖南、广西三地旅游生态效率虽然随时间推移而逐渐变高，但在地区间进行排名，海南2000年旅游生态效率值低于整体均值，在研究区域中其旅游生态效率排名第2，2015年则降至倒数第10名，2017年13名，湖南、广西旅游生态效率排名也明显降低。内蒙古、山东、四川、陕西、宁夏等地旅游生态效率值则在2000—2017年先增后降，宁夏地区在2006年旅游生态效率值达到最高0.6034 $kgCO_{2-e}$/¥，而2017年逐渐降至0.1897 $kgCO_{2-e}$/¥。2000—2017年湖北、四川、天津等地无论是从时间发展来看，还是从地区间横向对比而言，其旅游生态效率均明显改善，这说明当地政府重视旅游业可持续发展。

综上所述：无论是通过"自下而上"法还是通过旅游增加值剥离系数法所估算的旅游业碳排放结果都体现出地区间旅游生态效率存在显著不均衡性。

◆ 4.3 城市旅游生态效率测度及比较

为进一步丰富研究内容，本研究以中国重点旅游城市为例，对其旅游生态效率进行了分析。基于数据可获得性，本研究将以50个重点旅游城市作为研究样本，以2010年、2015年、2018年为重点研究年份，出于数据的科学性与完整性考量，剔除部分城市，最终选用40个重点旅游城市的旅游生态效率作为研究对象。由于"自下而上"法对于旅游交通、住宿、游憩活动等部门的碳排放估计需要更多的数据来源，目前的数据无法满足估算要求，因此本部分将采用旅游增加值剥离系数法测算城市旅游碳排放量，后通过单一比值法测得重点旅游城市的旅游生态效率值。具体旅游碳排放量与旅游生态效率值见表4-4。

表4-4 重点旅游城市旅游碳排放量和旅游生态效率值

城市	旅游碳排放量/百万吨			旅游生态效率值/$kgCO_{2-e}$/¥		
	2010年	2015年	2018年	2010年	2015年	2018年
青岛	133.63	214.53	410.98	0.0230	0.0169	0.0220
济南	57.81	106.02	212.93	0.0184	0.0142	0.0189

续表

城　市	旅游碳排放量/百万吨			旅游生态效率值/kgCO$_{2-e}$/¥		
	2010年	2015年	2018年	2010年	2015年	2018年
兰州	9.65	27.75	88.99	0.0153	0.0083	0.0150
北京	894.72	1166.69	1230.53	0.0323	0.0253	0.0208
南京	279.06	296.61	358.03	0.0293	0.0176	0.0146
成都	117.35	243.31	587.58	0.0194	0.0118	0.0158
上海	921.91	719.94	737.22	0.0312	0.0213	0.0148
武汉	122.28	258.03	393.87	0.0163	0.0118	0.0125
福州	28.16	51.69	208.05	0.0105	0.0096	0.0178
长春	85.85	207.25	401.04	0.0245	0.0193	0.0211
西安	120.92	231.79	594.35	0.0298	0.0216	0.0233
石家庄	16.74	98.27	318.06	0.0127	0.0166	0.0254
杭州	227.39	404.54	614.36	0.0222	0.0184	0.0171
厦门	113.63	199.17	275.48	0.0296	0.0239	0.0197
重庆	285.30	389.37	854.30	0.0311	0.0194	0.0197
天津	413.95	574.83	793.61	0.0332	0.0211	0.0203
南宁	52.49	119.38	266.20	0.0221	0.0161	0.0192
呼和浩特	48.69	106.49	341.67	0.0278	0.0227	0.0370
苏州	127.96	289.54	721.08	0.0116	0.0156	0.0279
宜昌	16.13	35.69	159.72	0.0155	0.0079	0.0184
南昌	29.07	101.90	302.73	0.0290	0.0190	0.0199
秦皇岛	24.38	86.25	237.43	0.0165	0.0238	0.0288
宁波	101.04	184.42	437.28	0.0155	0.0150	0.0218
温州	55.71	81.36	278.22	0.0168	0.0101	0.0208
三亚	50.51	102.28	133.48	0.0362	0.0338	0.0259
广州	291.53	543.13	562.59	0.0232	0.0189	0.0140

续表

城市	旅游碳排放量/百万吨			旅游生态效率值/kgCO$_{2-e}$/¥		
	2010年	2015年	2018年	2010年	2015年	2018年
郑州	157.17	226.29	321.40	0.0309	0.0225	0.0232
泉州	11.75	21.13	128.34	0.0047	0.0034	0.0118
黄山	31.59	52.71	118.60	0.0156	0.0132	0.0207
洛阳	124.45	123.97	337.32	0.0412	0.0159	0.0294
张家界	8.28	16.30	61.01	0.0066	0.0048	0.0081
桂林	16.74	38.35	287.18	0.0099	0.0074	0.0206
长沙	36.54	90.15	151.07	0.0080	0.0067	0.0084
东莞	112.12	185.59	219.60	0.0586	0.0470	0.0415
合肥	42.79	155.09	389.99	0.0173	0.0159	0.0227
大连	116.15	174.40	283.06	0.0211	0.0173	0.0197
深圳	81.50	324.39	278.88	0.0379	0.0260	0.0173
西宁	6.27	23.15	148.94	0.0135	0.0148	0.0477
海口	26.78	39.87	55.60	0.0372	0.0249	0.0187
珠海	18.57	23.16	111.85	0.0085	0.0084	0.0240

从旅游碳排放量来看，除上海市旅游碳排放总量有小幅度下降外，其余城市旅游碳排放量均呈现显著上升态势，究其原因，作为中国经济体量位列前茅、常住人口超2400万人、科技创新能力强劲和金融业发达的超大城市，上海近些年来一直争创"净零碳城市"，并率先提出"十三五"二氧化碳排放总量控制，其旅游产业也得益于城市注重环保的大背景，减污降碳行动取得了显著成效，因而其旅游碳排放量呈现下降态势。其他城市中张家界、兰州、海口3个城市的旅游碳排放一直处于相对较低水平，北京、深圳、广州、东莞、三亚、南京等城市增速相对较缓，剩余城市旅游碳排放增速则明显过快，这说明这些城市旅游业发展迅速。

从旅游生态效率值来看，2010年、2015年、2018年重点旅游城市旅游生态效率均值分别为0.0226kgCO$_{2-e}$/¥、0.0172kgCO$_{2-e}$/¥、0.0211kgCO$_{2-e}$/¥，且

研究期间超过五分之一的城市旅游生态效率值低于 $0.0200 \text{kgCO}_{2-e}/¥$，与前文所测算的区域旅游生态效率均值相比，城市旅游生态效率均值相对较低，即重点旅游城市旅游生态效率处于相对较高水平，尤其是兰州、泉州、张家界、长沙等城市，尽管出现了小幅波动，但总体趋势较为稳定，表明了这些城市旅游生态效率呈现整体良好发展的态势，也意味着这些城市在旅游业发展的同时对经济效益与环境效益保持了高度重视，从而使得旅游生态效率达到了较高水准。部分城市如上海、北京、重庆、天津、深圳、海口在 2010 年旅游生态效率值均超 $0.0300 \text{kgCO}_{2-e}/¥$，与其他城市相比，其旅游生态效率处于低水平阶段，而 2018 年这些城市旅游生态效率值已低于当年均值，这说明旅游产业经济与环境协调发展越来越受重视。从时序变化上来看，与 2010 年相比，超过三分之二的城市在 2018 年旅游生态效率水平都有所上升，从城市经济发展、地理位置以及旅游开发程度来看，这些城市或多或少都存在一定优势；但部分城市如石家庄、呼和浩特、苏州、秦皇岛、桂林、珠海在旅游业协调发展过程中，其旅游生态效率水平并未显著提升，反而有所下降，尤其是珠海、西宁、石家庄，可能是这些城市在大力发展旅游业时，对于投入过剩、资源利用率低等问题未加以注意与改善，导致其旅游碳排放增速远高于旅游收入增速，因而其旅游生态效率水平不升反降，也使得城市间的旅游生态效率水平差距逐渐加大。

◆ 4.4 旅游生态效率库兹涅茨曲线探讨

在探讨环境质量与经济增长之间的关系时常借鉴环境库兹涅茨曲线理论。环境库兹涅茨曲线是指随着社会经济发展水平的提升，生态环境会逐渐被破坏，环境污染程度逐渐加大，环境质量在一定程度上下降；当经济增长达到临界点以后，随着经济发展水平的进一步提升，环境污染程度在达到顶峰后开始逐步降低，环境质量逐渐得到改善。根据环境库兹涅茨曲线的核心思想构建基础模型，模型设定如下：

$$y_t = \beta_0 + \beta_1 x + \beta_2 x^2 + \mu_t$$

式中，y_t 表示环境质量指标，x 表示经济发展指标，β_0、β_1、β_2 是解释变量的系数，t 表示时间，μ_t 为随机扰动项。当 $\beta_1 > 0$，$\beta_2 < 0$，经济发展与环境污染程度

之间呈倒"U"形关系（见图4-1）。

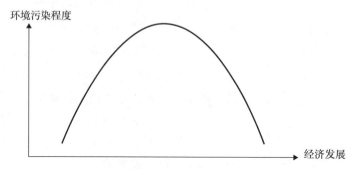

图 4-1 环境库兹涅茨曲线示意图

4.4.1 区域旅游生态效率环境库兹涅茨曲线探讨

本研究选用旅游生态效率值作为衡量旅游业环境质量的指标，选用旅游人均消费（旅游人均消费＝旅游总收入/旅游总人次）作为衡量旅游业经济发展的指标，用以分析环境质量与经济发展之间是否存在联系。前文研究中通过"自下而上"法和旅游增加值剥离系数法分别估算旅游业碳排放量，后通过单一比值法分别测算两种视角下的区域旅游生态效率值，两种视角下的测度结果存在一定的差异性，故而在对其展开研究时主要分为两种不同的情形，基于此，本研究提出如下假设：旅游生态效率值与旅游人均消费之间存在"U"形关系。

在前文构建的模型基础上，验证旅游生态效率值与旅游人均消费之间是否存在"U"形关系，以旅游生态效率值（TEE）作为被解释变量，旅游人均消费（A）作为解释变量展开验证，验证模型如下：

$$\ln(\text{TEE}_{it}) = \beta_0 + \beta_1 \ln A_{it} + \beta_2 (\ln A)_{it}^2 + \mu_{it}$$

通过 Stata 16 对上述两种不同方法下的解释变量和被解释变量进行回归，得到表4-5所示的回归结果。

表 4-5 回归结果分析

情 形	变 量	系 数	t 值	p 值
I	β_0	8.186671	0.5645907	0.000***
	$\ln A$	−2.805868	0.4924164	0.000***
	$(\ln A)^2$	0.2493658	0.1083501	0.021**

续表

情 形	变 量	系 数	t值	p值
Ⅰ	$R-squared$		0.5958	
Ⅱ	β_0	7.355455	0.5345818	0.000***
	$\ln A$	-1.364968	0.4595349	0.003***
	$(\ln A)^2$	0.0585518	0.1013148	0.563
	$R-squared$		0.3681	

两种情形下旅游人均消费均对旅游生态效率值产生显著影响。"自下而上"视角下，旅游人均消费的对数 $\ln A$ 回归系数为 -2.805868，而对数的平方 $(\ln A)^2$ 回归系数为 0.2493658；旅游增加值剥离系数视角下，旅游人均消费的对数 $\ln A$ 回归系数为 -1.364968，而对数的平方 $(\ln A)^2$ 回归系数为 0.0585518。两种情形下的回归结果以及图 4-2 均表明旅游人均消费与我国区域旅游生态效率值呈现"U"形关系，即随着旅游人均消费的增加，旅游生态效率值先下降后上升，旅游生态效率先变好再变差。究其原因，旅游产业的迅速成长过程中，旅游人均消费不断提升，旅游业碳排放量增速小于旅游经济增速，因而一定时期内随着旅游人均消费的增加，旅游生态效率形成了先变好后变差的格局。

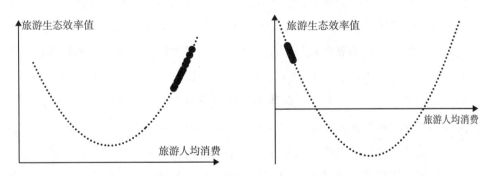

图 4-2 旅游生态效率值与旅游人均消费的关系（省域）

虽然旅游生态效率值与旅游人均消费的关系验证中二者所呈现的是"U"形关系，与库兹涅茨曲线的倒"U"形有所不同，但该验证同样能有效说明环境质量与旅游经济发展之间存在一定的联系。这表明我国各区域在旅游可持续发展过程中需要做好旅游经济与环境质量的协调发展，需要进一步提升旅游业节能减排工作水平，在追求旅游经济效益的同时，尽最大努力实现环境效益最大化。

4.4.2 重点城市旅游生态效率环境库兹涅茨曲线探讨

通过 Stata 16 对解释变量和被解释变量进行回归，以重点旅游城市旅游生态效率值的对数为纵坐标，旅游人均消费的对数为横坐标绘制如下关系图（见图 4-3）。

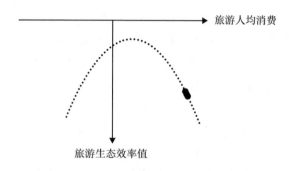

图 4-3 旅游生态效率值与旅游人均消费的关系（重点城市）

通过回归结果可知，重点旅游城市旅游人均消费的对数 $\ln A$ 回归系数为 0.944223，而对数的平方 $(\ln A)^2$ 回归系数为 -0.58584，由回归结果和图 4-3 可知重点旅游城市旅游人均消费与我国重点城市旅游生态效率值呈现倒"U"形关系，即旅游生态效率值在低收入水平上随人均消费增加而上升，在高收入水平上随人均消费增长而下降，旅游生态效率先下降再提升，这和省域旅游生态效率值与旅游人均消费呈现的"U"形曲线不一致，但与大多数文献关于环境的库兹涅茨曲线却一致。产生这种现象的原因在于城市、省域尺度不一致，省域内部存在较大的异质性，与尺度更小的城市呈现出不同的回归结果。同时已有文献已经验证不同地区环境质量与经济发展之间的关系既可能呈现"U"形曲线也可能呈现倒"U"形曲线，还有可能呈现"N"形曲线，这在一定程度上说明了本研究关于城市尺度与省域尺度研究结论不一致的合理性。

4.5 旅游可持续发展水平比较

可持续发展的生态效率值为 $0.2339 kgCO_{2-e}/\$$[①]（刘军等，2019），可以用这个数据来判断我国各地区旅游可持续发展状态。"自下而上"法视角下，2000年全国仅北京、天津、上海、江苏旅游业处于可持续发展状态，2010年旅游发展地区上升到19个，2017年全国则有29个地区均处于可持续发展状态。由此可见，我国旅游生态效率整体水平不断优化，且基本进入全国旅游可持续发展水平（见表4-6）。

表4-6 "自下而上"法地区旅游可持续发展水平 （单位：$kgCO_{2-e}/¥$）

地 区	2000年	2005年	2010年	2015年	2017年
北京	−0.0058	0.0052	0.0050	−0.0015	−0.0013
天津	−0.0197	−0.0212	−0.0218	−0.0225	−0.0223
河北	0.0695	0.0325	0.0070	−0.0192	−0.0236
山西	0.1010	0.0491	0.0042	−0.0156	−0.0184
内蒙古	0.1675	0.0386	−0.0034	−0.0171	−0.0201
辽宁	0.0442	−0.0007	−0.0199	−0.0212	−0.0230
吉林	0.0831	0.0049	−0.0118	−0.0251	−0.0277
黑龙江	0.0387	0.0202	−0.0049	−0.0044	−0.0074
上海	−0.0041	0.0101	0.0088	0.0171	0.0176
江苏	−0.0025	−0.0140	−0.0234	−0.0273	−0.0279
浙江	0.0057	−0.0109	−0.0176	−0.0235	−0.0245
安徽	0.0656	0.0449	0.0035	−0.0226	−0.0261
福建	0.0049	−0.0098	−0.0139	−0.0189	−0.0217

① 由于该值表示每创造1美元经济价值产生的碳排量为0.2339kg，因此需转化为人民币单位。由于每年人民币对美元汇率有差异，取平均汇率计算得到可持续发展阈值为 $0.0334 kgCO_{2-e}/¥$。

续表

地　区	2000年	2005年	2010年	2015年	2017年
江西	0.0575	0.0251	0.0003	−0.0194	−0.0236
山东	0.0111	−0.0035	−0.0136	−0.0234	−0.0244
河南	0.0204	0.0046	−0.0115	−0.0212	−0.0226
湖北	0.0213	0.0152	−0.0077	−0.0220	−0.0239
湖南	0.0742	0.0257	−0.0060	−0.0198	−0.0255
广东	0.0051	0.0151	0.0079	−0.0122	−0.0124
广西	0.0113	0.0065	0.0034	−0.0187	−0.0226
海南	0.0551	0.0482	0.0548	0.0345	0.0350
重庆	0.0045	−0.0055	−0.0141	−0.0183	−0.0202
四川	0.0345	0.0070	−0.0120	−0.0197	−0.0227
贵州	0.0898	0.0189	−0.0117	−0.0199	−0.0238
云南	0.0154	0.0053	−0.0096	−0.0225	−0.0277
西藏	0.0030	−0.0028	−0.0135	−0.0242	−0.0173
陕西	0.0552	0.0302	−0.0011	−0.0196	−0.0247
甘肃	0.2227	0.0932	0.0234	−0.0165	−0.0226
青海	0.0192	0.0049	−0.0024	−0.0177	−0.0208
宁夏	0.1294	0.0890	0.0325	0.0112	−0.0004
新疆	0.0695	0.0513	0.0286	−0.0104	−0.0188

注：加粗字体表示该地区旅游生态效率值低于可持续发展阈值，旅游业处于可持续发展状态。

旅游增加值剥离系数法视角下（见表4-7），大多数地区旅游业未进入可持续发展状态，至2017年仅北京、上海、江苏、浙江、福建、广东、重庆、四川等地进入旅游可持续发展状态。上述地区除重庆、四川外均位于我国东部经济发达地区，这些地区在节能减排、环境保护等方面的政策更趋严格，因而在单位能源消耗水平上做得更好，使得旅游业也提前进入可持续发展状态。四川、重庆则是我国旅游经济发达地区，旅游收入规模一直位居前列，在能源消耗上由于更接近能源产地以及有较大的风电、太阳能等可再生能源储备，使得上述地区单位旅游收入的能耗较低。

表4-7 旅游增加值剥离系数法省域旅游可持续发展水平 （单位：kgCO$_{2-e}$/￥）

地 区	2000年	2005年	2010年	2015年	2017年
北京	0.0485	0.0351	0.0068	−0.0110	−0.0183
天津	0.2778	0.1300	0.0551	−0.0146	0.0038
河北	0.3225	0.1400	0.0785	0.0431	0.0180
山西	0.1406	0.2505	0.3881	0.4023	0.3218
内蒙古	0.2496	0.3398	0.4651	0.2311	0.1475
辽宁	0.2174	0.2284	0.1485	0.0666	0.0572
吉林	0.2661	0.2408	0.1562	0.0638	0.0508
黑龙江	0.3247	0.3193	0.3082	0.2020	0.1600
上海	0.0564	0.0550	0.0175	−0.0054	−0.0103
江苏	0.0540	0.0344	0.0098	−0.0069	−0.0115
浙江	0.0532	0.0599	0.0359	0.0058	−0.0025
安徽	0.0777	0.0638	0.0471	0.0383	0.0229
福建	0.0567	0.0420	0.0273	0.0033	−0.0057
江西	0.1043	0.0848	0.0423	0.0118	0.0035
山东	0.0754	0.1709	0.1107	0.0273	0.0227
河南	0.1300	0.1283	0.0709	0.0306	0.0195
湖北	0.1056	0.0814	0.0628	0.0089	0.0017
湖南	0.0599	0.0772	0.0437	0.0156	0.0067
广东	0.0639	0.0424	0.0216	−0.0024	−0.0033
广西	0.0179	0.0221	0.0450	0.0117	0.0032
海南	0.0422	0.0194	0.1150	0.0650	0.0296
重庆	0.0511	0.0518	0.0275	0.0084	−0.0062
四川	0.1202	0.3664	0.0541	−0.0001	−0.0087
贵州	0.5242	0.4304	0.3290	0.2078	0.1616
云南	0.1265	0.1216	0.0719	0.0194	0.0076
西藏	—	—	—	—	—
陕西	0.1760	0.3348	0.1942	0.1065	0.1055

续表

地 区	2000年	2005年	2010年	2015年	2017年
甘肃	0.3573	0.2075	0.1411	0.0709	0.0597
青海	0.1666	0.2382	0.1112	0.0398	0.0304
宁夏	0.1423	0.3757	0.2629	0.1134	0.1563
新疆	0.4277	0.2991	0.2387	0.1276	0.1208

注：加粗字体代表该地区旅游生态效率值低于可持续发展阈值，旅游业处于可持续发展状态。

4.6 本章小结

旅游生态效率逐渐成为当下学者定量衡量旅游业可持续发展能力的重要理论工具，本章节主要介绍了旅游生态效率的测度方法、测度思路以及测度结果，并对所得结果进行分析探讨，本部分主要为后续探讨旅游生态效率的空间格局及影响因素研究提供数据支撑，具体内容如下。

首先，对已有旅游生态效率值测度方法的优劣势进行比较，在综合考虑多方因素后，最终选取单一比值法对我国区域旅游生态效率值进行测度。其中与其他方法相比，单一比值法不易受数据获取局限性的影响，思路清晰明了，计算过程相较于其他方法更为简洁，所得到的结果可进行比较。本研究选用单一比值法构建基础模型，选取旅游总收入作为旅游业经济指标，选取旅游业碳排放总量作为旅游业环境影响指标，对我国区域旅游生态效率值进行测度。

其次，本研究主要从两个方面对区域旅游生态效率进行静态分析。一方面是从时间序列进行分析，探讨我国及各地区旅游生态效率水平随时间变化趋势；另一方面是进行横向对比，通过数据分析各地区旅游生态效率水平分布特征。

最后，将"自下而上"法和旅游增加值剥离系数法两种视角下所得的旅游生态效率测度结果进行对比分析以及进行可持续发展比较，最终结果显示：两种方法所得到的结果都体现出我国地区间旅游生态效率发展水平显著不均衡，各地区旅游可持续发展水平也因碳排放估算方法不同呈现较大差异。

第 5 章 中国区域旅游生态效率空间格局

本章节主要对两种方法下测算的旅游生态效率进行时空差异分析。本章安排如下：第一部分主要分析区域旅游生态效率的空间布局特征；第二部分主要对区域旅游生态效率进行探索性空间分析；第三部分主要分析区域旅游生态效率的动态演进特征；第四部分主要分析旅游生态效率的区域差异。

◆ 5.1 区域旅游生态效率的空间布局特征

为进一步分析区域旅游生态效率空间布局特征，本研究将我国区域旅游生态效率发展水平通过自然断点法进行划分，主要划分为高效率、较高效率、中效率、较低效率以及低效率5个层次。

表5-1所示为2000年、2005年、2010年、2015年和2017年"自下而上"法下的旅游生态效率水平。由表中结果可看出，研究期内，我国旅游产业健康发展，在实现绿色转型过程中成效显著，整体旅游生态效率稳步提升，区域间旅游生态效率普遍改善。2000—2017年我国旅游生态效率呈现较高及以上水平的地区空间分布呈现"先边缘，后中心"，由南至北的增长态势。2000年除北京、上海、江苏、天津4个省市的旅游生态效率水平在中水平及以上外，其余地区旅游业均处于较低或低生态效率水平。产生该种空间格局的最主要原因可能是经济环境的影响，这些地区经济条件优越，有良好的科技支撑与政策支撑，使得该地区旅游产业发展能更好地平衡经济发展与环境影响。

表5-1 "自下而上"法视角下旅游生态效率水平

地 区	2000年	2005年	2010年	2015年	2017年
北京	中	较低	较低	中	中
天津	高	高	高	高	高
河北	低	低	较低	高	高
山西	低	低	较低	较高	较高
内蒙古	低	低	中	较高	高
辽宁	低	中	高	高	高

续表

地　区	2000年	2005年	2010年	2015年	2017年
吉林	低	较低	较高	高	高
黑龙江	低	低	中	中	中
上海	中	较高	较低	低	低
江苏	中	较高	高	高	高
浙江	较低	较高	高	高	高
安徽	低	低	较低	高	高
福建	较低	较高	较高	高	高
江西	低	低	中	高	高
山东	较低	中	较高	高	高
河南	低	较低	较高	高	高
湖北	低	低	中	高	高
湖南	低	低	中	高	高
广东	较低	低	较低	较高	较高
广西	较低	较低	较低	高	高
海南	低	低	低	低	低
重庆	较低	中	较高	较高	高
四川	低	较低	较高	高	高
贵州	低	低	较高	高	高
云南	低	较低	较高	高	高
西藏	较低	中	较高	高	较高
陕西	低	低	中	高	高
甘肃	低	低	低	较高	高
青海	低	较低	中	较高	高
宁夏	低	低	低	较低	中
新疆	低	低	低	较高	高

相较于2000年，2005年我国旅游生态效率位于中水平及以上的地区数量有所增加，且多数位于东南沿海地区，西南地区旅游生态效率多处于较低水平，低生态效率地区数量偏多。我国旅游生态效率整体水平有所上升，但该时期旅游生态效率的区域不平衡仍很显著。2010年，我国旅游生态效率处于中水平及以上的地区数量大幅度增加，由2005年的9个增加至20个，高水平与较高水平地区的数量达13个，其中天津旅游业保持高生态效率，低效率地区仅剩新疆、甘肃、宁夏、海南4个地区。从我国旅游业整体发展来看，旅游生态效率持续稳定上升。从空间格局分布来看，该时期华南、华北、西北三大地区需要持续推动低碳旅游发展，其他地区基本迈入旅游可持续发展状态。2015年，除上海、海南处于低生态效率水平，宁夏处于较低生态效率水平外，其余地区均已步入中、高水平层次，较高及高水平地区数量达研究总数的90%，其中旅游生态效率处于较高水平的地区主要集中在华北、西北两大区域，处于高水平的地区主要集中在华中、华东、西南地区。我国整体以及区域旅游生态效率明显提高，且华北、西北地区改善程度已经高于其他地区，显示出上述地区旅游可持续发展的后发优势。

2017年我国旅游生态低效率及较低效率地区仅剩海南、上海，中效率地区也仅剩黑龙江、北京、宁夏三地，区域旅游生态效率差异缩小，高效率地区数量高达23个。旅游生态效率不断提升的主要原因来自以下两个方面：一方面从供给角度来看，我国经济步入高质量发展阶段，经济与科技的双重进步，为旅游业创造了良好的发展条件，旅游资源、旅游交通、旅游接待设施等均向绿色化发展；另一方面从需求角度来看，旅游者所喜爱的旅游形式产生了变化，快节奏的、枯燥无趣的城市生活使得人们更想亲近自然，生态旅游景区游客数量增多，乡村旅游、森林旅游、温泉旅游等更受游客喜爱。

表5-2为2000年、2005年、2010年、2015年和2017年旅游增加值剥离系数法视角下的旅游生态效率水平。2000—2017年，我国高旅游生态效率地区空间格局分布呈现出由东南逐渐向西北递增变化的态势，相同效率水平地区呈现空间聚集。2000年、2005年我国低效率以及较低效率水平地区数量显著多于较高效率及高效率水平地区数量，其中旅游生态效率处于高水平及较高水平的区域主要分布在我国东南沿海地区，处于中水平的区域主要分布在我国华中地区，其他地区旅游生态效率处于较低或低水平。产生这种空间格局的原因可能是该时期旅游业发展易受经济与交通等因素影响，地区发展差距较大。东南沿海地区经济发展水平高，交通通达度高，旅游市场趋于成熟，具有更好的旅游经济效益、社会效

益与环境效益，因而旅游生态效率水平优于其他地区。2010年，我国旅游生态效率处于中水平层次及以上地区数量由2005年的13个增加至20个，低效率水平地区由2005年的13个减至7个（新疆、宁夏、内蒙古、黑龙江、山西、陕西、贵州）。从空间格局演变来看，高效率水平地区增长不明显，只包括北京、江苏两地，而低效率水平地区数量变化较大。该时期我国处于经济高速增长时期，游客规模大，旅游收入高，但各地区能源利用效率未明显提高，因而高效率地区数量还有待增加。2015年，我国大部分地区已步入旅游生态效率中、较高、高水平层次，仅黑龙江、贵州、山西、内蒙古4个地区仍处于低水平区间。2017年低效率地区仅剩山西省，主要原因可能是受经济发展、地理位置、交通方式、自然环境等因素制约，该地区旅游效益与环境效益平衡性差。2015年和2017年分别有13个和14个地区步入高水平层次，且分布相对集中，其中西南地区除贵州外均步入较高或高水平层次，其主要原因可能是贵州省虽旅游业发展好，但受地理位置、科技发展水平等因素的影响，第三产业单位GDP能耗高，因而其旅游生态效率呈现较低状态。总体来看，研究期间，我国各地区旅游生态效率正在稳定提升，旅游业正在向高质量、高效率转变。

表5-2 旅游增加值剥离系数法视角下旅游生态效率水平

地区	2000年	2005年	2010年	2015年	2017年
北京	较高	较高	高	高	高
天津	低	较低	较高	高	高
河北	低	较低	中	较高	较高
山西	较低	低	低	低	低
内蒙古	低	低	低	低	较低
辽宁	低	低	较低	较低	较高
吉林	低	低	较低	较高	较高
黑龙江	低	低	低	低	较低
上海	较高	较高	较高	高	高
江苏	较高	较高	高	高	高

续表

地　区	2000年	2005年	2010年	2015年	2017年
浙江	较高	较高	较高	高	高
安徽	中	较高	较高	较高	较高
福建	较高	较高	较高	高	高
江西	中	中	较高	高	高
山东	中	低	中	较高	较高
河南	较低	较低	中	较高	较高
湖北	中	中	较高	高	高
湖南	较高	中	较高	高	高
广东	较高	较高	较高	高	高
广西	较高	较高	较高	高	高
海南	较高	较高	中	较高	较高
重庆	较高	较高	较高	高	高
四川	较低	低	较高	高	高
贵州	低	低	低	低	较低
云南	较低	较低	中	较高	高
陕西	低	低	低	较低	中
甘肃	低	低	较低	较低	较高
青海	较低	低	中	较高	较高
宁夏	低	低	低	较低	较低
新疆	低	低	低	较低	较低

5.2 区域旅游生态效率的探索性空间分析

5.2.1 主要方法

对空间格局的分析能够检验旅游生态效率是否存在空间关系。本研究将使用探索性空间数据分析方法（ESDA）来分析旅游生态效率的空间格局特征。ESDA中全局空间自相关一般用莫兰指数（Moran's I）、Getis-ord General G 指数来衡量，前者说明空间的要素是否存在显著关联，后者说明要素的空间集聚程度。ESDA中局部空间自相关一般用 Getis-Ord G_i^* 来表示，它能够识别热点区、冷点区的空间分布规律。

$$I = \frac{n\sum_{i=1}^{n}\sum_{j=1}^{n}W_{ij}|CE_i - \overline{CE}||CE_j - \overline{CE}|}{\sum_{i=1}^{n}\sum_{j=1}^{n}W_{ij}\sum_{i=1}^{n}|CE_j - \overline{CE}|^2}$$

$$G(d) = \sum_{i=1}^{n}\sum_{j=1}^{n}W_{ij}CE_iCE_j \Big/ \sum_{i=1}^{n}\sum_{j=1}^{n}CE_iCE_j$$

$$G_i^*(d) = \sum_{j=1}^{n}W_{ij}CE_j \Big/ \sum_{j=1}^{n}CE_j$$

其中，$\overline{CE}$ 表示各地区旅游生态效率均值；W_{ij} 是地区 i、j 的空间权重矩阵；I 的取值范围为 $[-1,1]$，$0<I\leqslant 1$ 表示旅游生态效率空间正相关，$-1\leqslant I<0$ 表示旅游生态效率空间负相关，$I=0$ 表示旅游生态效率不存在空间关系。当 $G(d)>E(G)$，且 $G-E(G)\big/\sqrt{\mathrm{Var}(G)}$ 显著时，旅游生态效率呈现高值集聚；当 $G(d)<E(G)$，且 $G-E(G)\big/\sqrt{\mathrm{Var}(G)}$ 显著时，旅游生态效率呈现低值集聚；当 $G(d)$ 趋近于 $E(G)$，旅游生态效率值不存在空间关系，即在空间上呈现随机分布模式。对于 $G_i^*(d)$，当存在 $\{G_i^*(d)-E[G_i^*(d)]\}\big/\sqrt{\mathrm{Var}[G_i^*(d)]}>0$，且显著时，说明 i 地区周围旅游生态效率值较高，呈现高值集聚；当 $\{G_i^*(d)-E[G_i^*(d)]\}\big/\sqrt{\mathrm{Var}[G_i^*(d)]}<0$，且显著时，说明 i 地区周围旅游生态

效率值较低，呈现低值集聚。

5.2.2 全局空间自相关结果分析

利用 Arcgis 10.8 中的空间自相关工具计算全局莫兰指数，对我国 2000—2017 年地区旅游生态效率空间特征进行定量分析。"自下而上"法视角下 2000—2017 年各地区旅游生态效率莫兰指数均不显著，旅游生态效率呈现随机分布态势，如表 5-3 所示。

表 5-3 2000—2017 年"自下而上"法视角下旅游生态效率莫兰指数

年份/年	Moran's I	Z 值	p 值
2000	0.0363	0.9400	0.3472
2001	0.0285	0.8678	0.3855
2002	0.0340	0.9243	0.3553
2003	0.0472	1.1816	0.2374
2004	0.0178	0.6721	0.5015
2005	0.0340	0.8925	0.3721
2006	0.0183	0.6832	0.4945
2007	−0.0352	−0.0249	0.9801
2008	0.0196	0.7300	0.4654
2009	0.0220	0.7473	0.4549
2010	0.0205	0.7259	0.4679
2011	0.0158	0.6762	0.4989
2012	0.0073	0.57145	0.5677
2013	−0.0288	0.0649	0.9482
2014	−0.0375	−0.0587	0.9532
2015	−0.0697	−0.5140	0.6073
2016	−0.0729	−0.5778	0.5634
2017	−0.0773	−0.6331	0.5267

表5-4所示为旅游增加值剥离系数法视角下旅游生态效率莫兰指数，结果显示：研究期内，我国各地区旅游生态效率莫兰指数均为正数，其中2004—2011年通过5%的显著性水平检验，即Z值大于1.96，p值小于0.05，莫兰指数仅小幅度波动，这表明该时期我国各地区旅游生态效率具有显著的正向空间自相关性，空间集聚程度变化程度不大；2000—2003年、2013—2017年未通过显著性检验，这表明该时期我国省域旅游生态效率高水平地区空间溢出效应并不显著，旅游生态效率呈现空间随机分布。

表5-4 2000—2017年旅游增加值剥离系数法视角下旅游生态效率莫兰指数

年份/年	Moran's I	Z值	p值
2000	0.014605	0.649380	0.516093
2001	0.060179	1.234757	0.216921
2002	0.025351	0.782061	0.434179
2003	0.015852	0.681601	0.495492
2004	0.128662	2.163633	0.030493
2005	0.205710	3.106914	0.001891
2006	0.138255	2.365623	0.018000
2007	0.189078	2.929554	0.003394
2008	0.126707	2.125052	0.033582
2009	0.122092	2.072296	0.038238
2010	0.130988	2.205236	0.027438
2011	0.118062	2.055610	0.039820
2012	0.098720	1.860851	0.062765
2013	0.062752	1.456698	0.145200
2014	0.051874	1.230265	0.218598
2015	0.044778	1.120759	0.262391
2016	0.052420	1.228571	0.219233
2017	0.079063	1.578327	0.114490

5.2.3 局部空间自相关结果分析

选取2000年、2005年、2010年、2015年、2017年两种方法下的数据分析我国各地区的旅游生态效率集聚情况。表5-5所示为"自下而上"法视角下旅游生态效率集聚类型，结果显示，部分区域旅游生态效率呈现显著的空间集聚特征，但大部分区域空间集聚特征不显著，其中处于空间正相关（高-高集聚和低-低集聚）的区域数量逐渐减少，这说明我国区域旅游生态效率的高-高集聚和低-低集聚呈逐年减弱的趋势，同时高-低集聚和低-高集聚区域数量也在不断减少。至2017年研究区域中仅上海市呈现高-低集聚特征，即上海市旅游生态效率值较高，旅游生态效率处于低水平阶段，但周围区域旅游生态效率水平相对较高。

表5-5 "自下而上"法视角下旅游生态效率集聚类型

地　　区	2000年	2005年	2010年	2015年	2017年
北京	不显著	不显著	不显著	不显著	不显著
天津	不显著	不显著	不显著	不显著	不显著
河北	不显著	不显著	不显著	不显著	不显著
山西	不显著	不显著	不显著	不显著	不显著
内蒙古	不显著	不显著	不显著	不显著	不显著
辽宁	不显著	不显著	不显著	不显著	不显著
吉林	不显著	不显著	不显著	不显著	不显著
黑龙江	不显著	不显著	不显著	高-低	不显著
上海	低-低	低-低	高-低	高-低	高-低
江苏	不显著	不显著	不显著	不显著	不显著
浙江	低-低	不显著	不显著	不显著	不显著
安徽	高-低	高-低	高-低	不显著	不显著
福建	不显著	不显著	不显著	不显著	不显著
江西	高-低	高-低	不显著	不显著	不显著
山东	不显著	不显著	不显著	不显著	不显著

续表

地　区	2000年	2005年	2010年	2015年	2017年
河南	不显著	不显著	不显著	不显著	不显著
湖北	不显著	不显著	不显著	不显著	不显著
湖南	不显著	不显著	不显著	不显著	不显著
广东	不显著	不显著	不显著	不显著	不显著
广西	不显著	不显著	不显著	不显著	不显著
海南	不显著	不显著	不显著	不显著	不显著
重庆	不显著	不显著	不显著	不显著	不显著
四川	不显著	不显著	不显著	不显著	不显著
贵州	不显著	不显著	不显著	不显著	不显著
云南	不显著	不显著	不显著	不显著	不显著
西藏	不显著	不显著	不显著	不显著	不显著
陕西	高-高	高-高	不显著	不显著	不显著
甘肃	不显著	高-高	不显著	不显著	不显著
青海	低-高	低-高	不显著	不显著	不显著
宁夏	高-高	不显著	不显著	不显著	不显著
新疆	不显著	不显著	不显著	不显著	不显著

表5-6所示为旅游增加值剥离系数法视角下旅游生态效率集聚类型，结果表明，部分区域生态效率呈现显著空间集聚特征，其中高-高集聚、高-低集聚区域数量较少，低-低集聚区域呈现"组团"模式，并未出现低-高集聚区域。高-高集聚区域数量不断减少，这类地区经济发展较为落后，地理区位优势不足，自身旅游生态效率较低，周边旅游生态效率也不高；高-低集聚区域仅包括贵州省，这类区域自身旅游生态效率较低，而周围地区旅游生态效率较高；低-低集聚区域主要分布在我国浙江、上海、江苏、安徽等东中部经济较发达地区，这些地区表现为自身生态效率始终保持较高水平，周围城市旅游生态效率也相对较高，说明经济发达地区协同发展能力高，带动作用强。总体而言，区域旅游生态效率的局

部空间分布格局变化较为稳定。

表5-6 旅游增加值剥离系数法视角下旅游生态效率集聚类型

地 区	2000年	2005年	2010年	2015年	2017年
北京	不显著	不显著	不显著	不显著	不显著
天津	不显著	不显著	不显著	不显著	不显著
河北	不显著	不显著	不显著	不显著	不显著
山西	不显著	不显著	不显著	不显著	不显著
内蒙古	不显著	不显著	不显著	不显著	不显著
辽宁	不显著	不显著	不显著	不显著	不显著
吉林	不显著	不显著	不显著	不显著	不显著
黑龙江	不显著	不显著	不显著	不显著	不显著
上海	低-低	低-低	低-低	低-低	低-低
江苏	低-低	低-低	低-低	不显著	不显著
浙江	低-低	低-低	低-低	低-低	低-低
安徽	低-低	低-低	低-低	低-低	低-低
福建	低-低	低-低	低-低	低-低	低-低
江西	低-低	低-低	低-低	低-低	低-低
山东	不显著	不显著	不显著	不显著	不显著
河南	不显著	不显著	不显著	不显著	不显著
湖北	低-低	低-低	低-低	不显著	不显著
湖南	低-低	低-低	低-低	不显著	不显著
广东	低-低	低-低	低-低	不显著	不显著
广西	不显著	不显著	不显著	不显著	不显著
海南	不显著	不显著	不显著	不显著	不显著
重庆	不显著	不显著	不显著	不显著	不显著
四川	不显著	不显著	不显著	不显著	不显著
贵州	高-低	不显著	高-低	高-低	高-低
云南	不显著	不显著	不显著	不显著	不显著

续表

地　区	2000年	2005年	2010年	2015年	2017年
西藏	不显著	不显著	不显著	不显著	不显著
陕西	不显著	不显著	不显著	不显著	不显著
甘肃	不显著	高-高	不显著	不显著	不显著
青海	高-高	高-高	不显著	不显著	不显著
宁夏	不显著	不显著	不显著	不显著	不显著
新疆	不显著	不显著	不显著	不显著	不显著

◆ 5.3　区域旅游生态效率的动态演进

为更好地了解研究区域旅游生态效率的内部差异与动态演变过程，本研究引入核密度曲线展开分析。核密度估计是基于有限的样本来推断总体数据的分布，根据估计的概率密度绘画出核密度曲线，能直观地得到所研究数据的一些分布特征与性质，如数据的聚集程度、变化趋势等。本研究通过 Stata 16 绘制两种视角下的旅游生态效率核密度曲线，对2000年、2005年、2010年、2015年、2017年旅游生态效率进行核密度估计与深入分析。

图5-1所示为"自下而上"法视角下旅游生态效率核密度曲线，从中可知以下几点。①在位置变化上，2000—2017年我国区域旅游生态效率整体核密度曲线随时间的推进呈现出向左移的态势，即我国区域旅游生态效率值在2000—2017年呈现下降趋势，这意味着研究期间我国旅游生态效率水平随时间推移总体水平呈现上升态势。②从各年份波峰值来看，2000—2010年属于研究前期，其波峰主要在较低数值上集聚，2011—2017年属于研究后期，其波峰主要在较高数值上集聚。③从曲线形状来看，2000年、2005年我国旅游生态效率为"单峰"格局，核密度曲线扁而宽，说明各地区之间旅游生态效率差异程度较大；2010—2017年核密度曲线波峰垂直高度不断上升，水平宽度减小，这表明研究期间我国区域旅游生态效率核密度趋于向数值减小的方向移动，即各地区间旅游

生态效率发展水平差距随时间变化不断缩小，存在动态收敛性特征，两极分化现象在不断减弱。

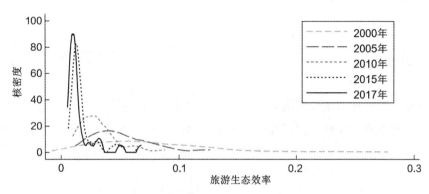

图 5-1　2000—2017 年"自下而上"法视角下旅游生态效率核密度曲线

图 5-2 所示为 2000—2017 年旅游增加值剥离系数法视角下我国区域旅游生态效率整体核密度曲线。如图所示：①随时间推移，旅游生态效率呈现出缓慢向左移的态势，即在 2000—2017 年我国区域旅游生态效率值呈现下降趋势，这意味着我国旅游生态效率水平随时间推移呈现上升趋势。②研究期间，波峰值从较低数值上集聚转向较高数值上集聚，核密度曲线由扁而宽的"单峰"格局逐渐向高而窄的"多峰"格局转化。图 5-2 整体变化趋势同"自下而上"法视角下相同，均表明我国各地区间旅游生态效率差距呈现缩小态势，两极分化现象在不断减弱，各区域均在大力推动绿色旅游的可持续化发展。

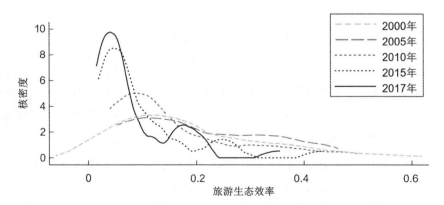

图 5-2　2000—2017 年旅游增加值剥离系数法视角下旅游生态效率核密度曲线

5.4 区域旅游生态效率差异分析

5.4.1 主要方法

测量区域差异的主要方法有变异系数、标准差及泰尔指数。由于泰尔指数可以分解区域差异，并反映组间和组内不平等对总的不平等贡献，因此本研究以旅游收入为权重测度区域旅游生态效率的泰尔指数及其分解，其具体表达式如下。

$$\text{THEI} = T_{br} + T_{wr}$$

$$T_{br} = R_e \cdot \ln \frac{R_e}{\text{TE}_e} + R_m \cdot \ln \frac{R_m}{\text{TE}_m} + R_w \cdot \ln \frac{R_w}{\text{TE}_w}$$

$$T_{wr} = R_e \cdot T_e + R_m \cdot T_m + R_w \cdot T_w$$

$$T_e = \sum_{i=1}^{j} \frac{R_i}{R_e} \cdot \ln \left(\frac{\frac{R_i}{R_e}}{\frac{\text{TE}_i}{\text{TE}_e}} \right)$$

$$T_m = \sum_{i=1}^{k} \frac{R_i}{R_m} \cdot \ln \left(\frac{\frac{R_i}{R_m}}{\frac{\text{TE}_i}{\text{TE}_m}} \right)$$

$$T_w = \sum_{i=1}^{l} \frac{R_i}{R_w} \cdot \ln \left(\frac{\frac{R_i}{R_w}}{\frac{\text{TE}_i}{\text{TE}_w}} \right)$$

其中：THEI 表示旅游生态效率泰尔指数；T_{br} 表示旅游生态效率区域间差异；T_{wr} 表示旅游生态效率区域内差异；T_e、T_m、T_w 分别表示东、中、西部地区旅游生态效率差异；R_e、R_m、R_w 分别表示东、中、西部地区旅游业收入占全国旅游业收入的比值；TE_e、TE_m、TE_w 分别表示东、中、西部地区旅游生态效率占全国全域旅游效率总和的比值；j、k、l 分别表示东、中、西部地区省级行政区的数量。

5.4.2 "自下而上"法视角下旅游生态效率区域差异

图 5-3 为"自下而上"法视角下我国四大地区旅游生态效率区域差异变化趋势图，具体数值如表 5-7 所示。

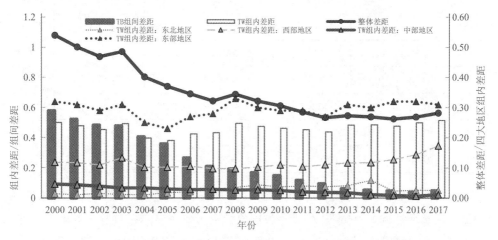

图 5-3 "自下而上"法下我国旅游生态效率泰尔指数变化趋势图

表 5-7 "自下而上"法下 2000—2017 年我国旅游生态旅游泰尔指数及其结构

年份/年	整体泰尔指数	组间泰尔指数	组间差距贡献	组内泰尔指数	组内差距贡献	东部地区	中部地区	西部地区	东北地区
2000	1.08	0.58	53.64%	0.50	46.36%	0.32	0.05	0.12	0.01
2001	1.00	0.52	52.20%	0.48	47.80%	0.31	0.04	0.12	0.01
2002	0.94	0.48	51.58%	0.45	48.42%	0.29	0.04	0.11	0.02
2003	0.97	0.48	49.25%	0.49	50.75%	0.31	0.03	0.13	0.01
2004	0.80	0.41	50.52%	0.40	49.48%	0.25	0.03	0.10	0.01
2005	0.74	0.36	48.46%	0.38	51.54%	0.23	0.03	0.10	0.02
2006	0.69	0.27	38.44%	0.43	61.56%	0.27	0.03	0.11	0.02
2007	0.64	0.21	32.69%	0.43	67.31%	0.28	0.03	0.10	0.03
2008	0.69	0.19	28.11%	0.49	71.89%	0.33	0.03	0.10	0.04

续表

年份/年	整体泰尔指数	组间泰尔指数	组间差距贡献	组内泰尔指数	组内差距贡献	东部地区	中部地区	西部地区	东北地区
2009	0.64	0.17	26.28%	0.47	73.72%	0.30	0.03	0.10	0.04
2010	0.61	0.15	24.43%	0.46	75.57%	0.29	0.02	0.11	0.04
2011	0.57	0.12	20.58%	0.45	79.42%	0.29	0.02	0.10	0.04
2012	0.53	0.10	17.84%	0.44	82.16%	0.27	0.02	0.11	0.04
2013	0.55	0.06	11.56%	0.48	88.44%	0.31	0.02	0.12	0.04
2014	0.54	0.05	10.05%	0.48	89.95%	0.30	0.01	0.12	0.06
2015	0.52	0.05	9.17%	0.48	90.83%	0.32	0.01	0.13	0.02
2016	0.54	0.04	7.08%	0.50	92.92%	0.32	0.01	0.14	0.03
2017	0.56	0.05	8.76%	0.52	91.24%	0.31	0.01	0.17	0.03

由图5-3及表5-7可知，2000—2017年我国旅游生态效率泰尔指数整体呈现明显下降态势，除2003年、2008年我国旅游生态效率泰尔指数有小幅度上升外，其余年份均在不断减小，由2000年的1.08减少到2017年的0.56，这说明我国区域旅游生态效率发展水平差异正在不断缩小，随着旅游经济的发展，区域旅游生态效率与旅游总收入之间的匹配程度越来越高，即同等的旅游经济规模变化会促进区域旅游生态效率差异的缩小。这也说明我国地方政府对生态旅游的重视程度差异正在逐渐减小，各地区均坚持以绿色低碳为发展宗旨，充分利用自身经济、文化、科技、生态、地理区位等优势，加快推进产业转型，逐步实现旅游产业发展均衡化。

图5-3条形图部分为我国旅游生态效率组间差距与组内差距变化趋势。由图可知：2000—2005年我国区域旅游生态效率组间差距与组内差距大小接近，2006—2017年组内差距逐渐大于组间差距，并愈发显著，该种现象说明2006年之后我国区域旅游生态效率发展水平差距主要来自组内差距。2000—2017年我国区域旅游生态效率组间差距变化趋势与整体发展水平变化趋势大致相同，在研究期间持续保持下降趋势；而我国区域旅游生态效率组内差距则在2000—2002年、2003—2005年、2008—2012年均存在小幅度下降，2005—2008年呈现上升态势，其余年份则保持相对平缓趋势。

根据国家统计局发布的四大经济区域划分，我国分为东部地区、西部地区、中部地区、东北地区，通过计算得到各地区组内差距。从区域分解的泰尔指数变化趋势来看，中部地区旅游生态效率组内差距变化趋势与整体发展水平差距变化趋势大致相近；东部地区组内差距远高于其他三大地区，波动幅度相对较大，在2005年降至最低值后又呈现上升态势，研究前期与研究末期组内差距相近；西部地区组内差距在2004年之后持续小幅度上升；东北地区呈现先平稳缓慢上升后小幅度下降趋势。从四大地区整体差距变化来看，西部地区与中部地区、东北地区之间差距逐渐拉大，中部地区与东北地区、东部地区与西部地区之间差距不断缩小。

我国旅游生态效率整体发展水平差距在研究期内存在上下小幅度波动，但整体而言差距仍在缩小，其中差距最大值为1.08，最小值为0.52。由表5-7中结构分解的组内差距贡献率与组间贡献率可以看出，2000—2005年组间差距与组内差距贡献率不相上下，均在50%左右轻微浮动，二者均是影响旅游生态效率整体发展水平差距的重要因素。2005年开始组间差距贡献率持续减少，组内差距贡献率持续增加，且组内差距贡献率始终显著高于组间差距贡献率。2015年之后，组内差距贡献率超90%，2017年高达91.24%，而组间贡献率仅为8.76%。这说明组内差距是产生整体差距的主要原因。从地区分解来看，东部地区与西部地区泰尔指数相对较大，东部地区占全国组内差距比重除2017年外均超60%，西部地区在2017年达33.63%，说明这两大地区组内旅游生态效率发展水平差距较大；东北地区和中部地区泰尔指数相对较小，研究期间，这两大地区组内差距占全国组内差距比重均未超过10%，中部地区呈现持续减小态势，说明中部地区与东北地区间旅游生态效率差距较小。

5.4.3　旅游增加值剥离系数法视角下旅游生态效率区域差异

由图5-4可知，研究期内我国旅游生态效率泰尔指数在2004年达到峰值，2017年达到最低值，其变化趋势为2001—2004年、2006—2010年、2013—2014年呈现小幅度上升态势，其余年份则呈现下降态势，总体而言我国旅游生态效率泰尔指数呈现下降趋势，即随时间推移我国旅游生态效率发展水平差异在缩小，该变化趋势与"自下而上"法视角下的变化趋势相同，说明我国区域间旅游产业正在协同发展，区域不平衡性显著减弱。

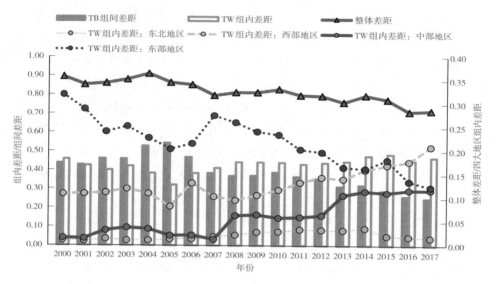

图 5-4　旅游增加值剥离系数法我国旅游生态效率泰尔指数变化图

2000—2005年组间差距不断增加，之后则呈现持续减小趋势，而组内差距在研究期间则呈现先下降后上升态势。其中2000—2006年组间差距先与组内差距大小相近，后组间差距不断增加，使得组间差距显著大于组内差距；2007—2017年随着组间差距的不断下降与组内差距的小幅度上升，组内差距逐渐大于组间差距，这说明2007年之后组内差距是造成我国旅游生态效率发展水平存在差距的主要原因。从地区分解的组内差距变化趋势来看，东部地区组内差距远高于其他三大地区，且波动幅度大，除2005—2007年与2014年有上升趋势外，其余年份均呈下降趋势，旅游生态效率发展水平差距明显缩小。东北地区由于仅涉及黑龙江、辽宁、吉林三个省份，因而其组内差距波动幅度小，整体差距小。中部地区、西部地区变化趋势相近，除少部分年份外，研究期间均呈稳步上升趋势。

表 5-8　旅游增加值剥离系数法下我国旅游生态旅游泰尔指数及其结构

年份/年	整体泰尔指数	组间泰尔指数	组间差距贡献	组内泰尔指数	组内差距贡献	东部地区	中部地区	西部地区	东北地区
2000	0.90	0.44	49%	0.46	51%	0.32	0.02	0.11	0.01
2001	0.85	0.43	50%	0.42	50%	0.29	0.01	0.11	0.01

续表

年份/年	整体泰尔指数	组间泰尔指数	组间差距贡献	组内泰尔指数	组内差距贡献	东部地区	中部地区	西部地区	东北地区
2002	0.86	0.46	53%	0.40	47%	0.24	0.03	0.11	0.01
2003	0.88	0.46	52%	0.42	48%	0.25	0.04	0.12	0.01
2004	0.91	0.53	58%	0.38	42%	0.23	0.03	0.11	0.01
2005	0.86	0.54	63%	0.32	37%	0.20	0.02	0.08	0.01
2006	0.85	0.47	55%	0.38	45%	0.22	0.02	0.13	0.01
2007	0.80	0.38	48%	0.41	52%	0.28	0.01	0.10	0.02
2008	0.81	0.37	46%	0.44	54%	0.26	0.06	0.10	0.02
2009	0.81	0.37	46%	0.44	54%	0.24	0.07	0.11	0.03
2010	0.83	0.39	47%	0.44	53%	0.23	0.06	0.12	0.03
2011	0.80	0.37	46%	0.43	54%	0.20	0.06	0.13	0.03
2012	0.79	0.35	45%	0.44	55%	0.20	0.06	0.14	0.03
2013	0.76	0.31	41%	0.45	59%	0.17	0.11	0.14	0.03
2014	0.80	0.32	40%	0.48	60%	0.16	0.12	0.16	0.04
2015	0.77	0.29	38%	0.48	62%	0.18	0.11	0.17	0.02
2016	0.71	0.26	37%	0.45	63%	0.14	0.12	0.18	0.02
2017	0.72	0.25	35%	0.47	65%	0.12	0.12	0.21	0.02

表 5-8 所示为旅游生态效率泰尔指数及其分解。由表中数据可知：我国区域旅游生态效率整体泰尔指数虽在部分年份存在极小幅度上升，但在 2000—2017 年其整体仍呈现下降趋势，2000 年、2010 年、2017 年其整体泰尔指数值分别为 0.90、0.83、0.72。其数据变化表明我国区域旅游生态效率发展水平差距不断缩小，区域旅游生态效率的变化与其旅游总收入的变化匹配性逐渐增强。区域旅游生态效率组间差距变化趋势可分为两个阶段：第一阶段为 2000—2005 年，我国区域旅游生态效率组间泰尔指数呈现上升趋势，其数值由 0.44 增加至 0.54，该阶段变化趋势表明我国区域旅游生态效率差异在不断增大；第二阶段为 2006—2017 年，该时期我国区域旅游生态效率组间泰尔指数呈现显著下降趋势，2017 年旅游生态效率组间泰尔指数已经下降至 0.25，这说明区域旅游生态效率内部差异在逐渐减小，区域旅游可持续发展差距正在逐渐缩小。

从区域旅游生态效率组内差距贡献率与组间差距贡献率可以看出，其大体变化趋势与"自下而上"法视角下的测算结果相似，2000—2005年我国区域旅游生态效率组间差距贡献率呈现上升趋势，由49%逐渐上升到63%，其中2000—2003年其贡献率与组内差距贡献率不相上下，均在50%左右轻微浮动，这说明2000—2003年我国区域生态效率组内差距与组间差距对旅游生态效率整体发展水平影响程度接近。2006—2017年组间生态效率贡献率持续减少，至2017年其贡献率仅为35%，而组内差距贡献率则高达65%，接近组间差距贡献率的1.86倍，这说明组内差距是产生整体差距的主要原因，且该时期我国大区域间旅游生态效率差异在逐步缩小。从地区分解来看，研究期间我国东、西部地区旅游生态效率整体泰尔指数相对较大，随时间推移中部地区与西部地区泰尔指数不断增加，而东部地区则从2000年全国旅游生态效率组内差距比重的70%减少至2017年的26%，只有东北地区泰尔指数所占比例变化不明显。这说明2000—2017年我国东北地区组内生态效率发展水平差距较小，东部地区组内生态效率差距不断减小，区域间旅游生态效率发展逐渐均衡化。近年来中、西部地区旅游业不断发展，中、西部地区核心省市旅游生态效率提升幅度大，因而西部地区与中部地区组内差异加剧。

综上所述，两种视角下我国区域旅游生态效率均在逐步实现高水平均衡协调发展，应依据整体发展态势和四大经济区域之间的差异制定合理的措施，促进未来我国区域之间旅游生态率不断优化。

◆ 5.5 本章小结

本章主要对区域旅游生态效率测度结果进行空间格局与差异分析，具体内容如下。首先，将我国区域旅游生态效率发展水平通过自然断点法进行层次划分，通过划分后的空间分布情况对其时空分异展开探讨，发现我国旅游生态效率较高及以上水平的地区空间分布呈现"先边缘，后中心"，由南至北的增长态势。其次，进一步对我国区域旅游生态效率进行探索性空间分析，结果发现不同视角下全局莫兰指数结果存在一定差异，但基本趋势显示旅游生态效率大多呈现空间随机分布。局部空间自相关结果显示部分地区存在显著的空间关系。再次，为更好地了解我国区域旅游生态效率的内部差异与动态演变过程，本研究引入核密度曲线，通过数据的集聚程度、变化趋势对我国区域旅游生态效率的动态演变进行分析。结果显示，两种视角下的我国各地区间的旅游生态效率发展水平差距随时间变化呈现缩小态势，存在动态收敛性特征，两极分化现象不断减弱，说明我国地区间旅游生态效率发展水平逐步均衡化。最后，以旅游收入为权重计算我国及四大经济区的旅游生态效率泰尔指数，从整体差距、组间差距与组内差距的变化态势对我国区域旅游生态效率差异程度进行分析。无论是"自下而上"法视角下还是旅游增加值剥离系数法视角下，我国区域旅游生态效率均在逐步实现高水平均衡协调发展，四大经济地区之中，东部地区组内差距最大，各大分区间的差距正在不断减小。这说明我国地方政府越来越重视当地的生态旅游发展，充分利用自身经济、文化、科技、生态、地理区位等优势，加快推进产业转型，逐步实现旅游产业发展均衡化。

综上所述，通过对旅游生态效率的静态变化、动态演变和空间分布等方面展开分析，均能发现我国旅游生态效率发展水平处于上升态势，且地区间的差异正在不断减少，这说明我国区域间旅游产业正在协同发展，逐步向均衡化转换。

第6章 中国区域旅游生态效率影响因素

我国区域旅游生态效率水平整体发展态势好，但各地区旅游生态效率发展水平存在差异，了解哪些因素促进或制约旅游生态效率水平提升将成为一个值得关注的问题。本研究将在国内外学者研究基础上进一步分析我国区域旅游生态效率的影响因素。本章具体结构如下：第一部分通过梳理国内外学者已有研究成果，初步确定影响地区旅游生态效率的变量及其相应的测量指标，并对其影响路径进行阐述。第二部分基于前文分析结果，通过所选指标构建面板数据模型并介绍数据来源。第三部分对样本数据进行描述性统计分析并对其进行回归分析。通过以上实证分析，为我国旅游生态效率的提升提供理论参考和数据支撑。

◆ 6.1 影响因素选取

本研究以"旅游生态效率"以及"影响因素"为关键词，对2000年1月1日至2021年12月31日中国知网上收录的相关文献进行检索，共搜到文章53篇，按照被引次数梳理出排名前10的文献，如表6-1所示。由表6-1可知，已有研究中旅游生态效率影响因素主要选取以下指标：①旅游产业规模，主要通过旅游收入、旅游人数、人均旅游消费、旅游产业占第三产业比重等指标衡量；②旅游业发展环境，主要通过旅游资源禀赋、酒店业收入占风景区旅游总收入比例、星级饭店的国有企业数量占星级饭店数量的比重、地区住宿餐饮业从业人口数量占总从业人口数量比重、旅游交通基础设施等指标衡量；③区域经济发展水平，主要通过地区生产总值、人均GDP、第三产业占地区生产总值比重等指标衡量；④环境规制，主要通过实际排污费征收总额占地区生产总值的比重、环境污染治理投资占地区生产总值的比例等指标衡量，也有部分文献通过构建指标体系表征环境规制；⑤对外开放水平，主要通过进出口总额或进出口总额占地区生产总值比重来衡量；⑥科技与创新发展，主要通过R&D投资占总投资比重、发明专利申请数量等指标衡量。除了这6个方面外，部分文献中还加入人口规模、城镇化率等指标从多维度出发对旅游生态效率影响因素进行探索分析。

表 6-1　旅游生态效率影响因素研究指标分析

研究者与年份	被引次数	影响因素
彭红松（2019）	118	人均旅游收入、万元旅游收入能耗、酒店业收入占风景区旅游总收入比例、万元旅游收入新增固定资产投资额、污水达标排放率
王兆峰（2016）	35	人均旅游收入、旅游业总收入占GDP比重、星级饭店数占住宿餐饮法人企业数比重、地区住宿餐饮业从业人口数量占总从业人口数量比重、万元GDP能耗
王兆峰（2020）	34	旅游总收入、旅游收入占第三产业比重、旅游收入占GDP比重、城镇化率、年度R&D经费投入
王淑新（2016）	25	游客接待量、管理水平（专科以上员工占总员工比重）、能源利用结构（以汽油、柴油能源消耗占总能源消耗比重衡量）
李志龙（2020）	18	第三产业占比、旅游资源禀赋、GDP、交通基础设施、环境污染占地区生产总值的比例
刘佳等（2016）	16	旅游产业结构、旅游收入占第三产业产值的比重、星级饭店数、旅行社数
卢飞等（2020）	11	人均旅游收入、外资星级饭店营业收入占星级饭店收入的比重、第三产业产值占GDP总值比重、旅游产业结构、人均受教育年限、单位旅游收入能耗、旅游业污染治理投资
黄芳等（2019）	10	旅游收入、旅游交通产出的比重、单位旅游收入能耗量
程慧等（2016）	8	旅游者人数、经济发展水平（人均GDP）、地理位置（游客周转量）、思想意识（教育固定资产占固定资产投资总额比重）、开放程度（进出口总额）、技术创新（R&D投资占总投资比重）
洪铮等（2021）	4	游客接待总人次、第三产业占GDP比重、旅游总收入占第三产业比重、人均GDP、单位GDP能耗、城镇化率

考虑到样本数据的完整性，本研究以2005—2017年为研究期间，选用我国大陆地区（除西藏自治区外）的30个省级行政区作为研究对象，以旅游生态效率值为被解释变量，以旅游产业规模、旅游产业环境、旅游产业结构、技术水平、对外开放水平与环境规制为解释变量探索我国旅游生态效率的影响因素，各个指标的具体说明如下。

(1) 旅游产业规模。本研究通过旅游业碳排放量与旅游总收入的比值测得旅游生态效率值，因而初步推断旅游总收入是旅游生态效率的直接影响因素，且旅游业已逐渐在经济发展中扮演重要角色，旅游业收入已逐渐成为我国国民经济行业中增长速度最快的产业之一，2005年我国实现国内旅游总收入0.53万亿元，至2019年我国国内旅游总收入已高达6.63万亿元。产业规模能极大程度地反映产业发展水平，旅游消费需求呈现爆炸式增长，旅游产业规模不断扩大，作为扩大内需、拉动我国经济增长的动力源泉之一，其发展过程中必然会带来极高的经济效益。旅游收入越高，经济实力越强，越能为旅游业提供良好的发展环境；旅游在快速发展中又反过来推动经济发展，为企业制造效益，形成双赢的良性循环。同时，旅游业发展也会增加对各类资源的使用，使生态环境发生改变，因而旅游生态效率的改变与旅游产业发展水平息息相关。因此本研究选用最能直观体现旅游产业规模的旅游人次（TN）、旅游总收入（TA）作为解释变量，用以衡量旅游产业规模对旅游生态效率的影响。

(2) 旅游产业环境。旅游资源与旅游交通基础设施是旅游产业发展的有力支撑。旅游资源是吸引游客前往目的地的最主要因素，旅游资源的丰富程度决定了旅游目的地的吸引力。交通基础设施是旅游产业发展不可或缺的物质基础。我国旅游业碳排放量计算数据显示，旅游交通部门所产生的碳排放量占比超80%，是我国旅游业碳排放量的最主要来源。因而本研究选用旅游资源禀赋（TRE）与交通基础设施（Trans）作为旅游产业环境的度量指标，用以探究其对旅游生态效率的影响。其中，旅游交通基础设施参考陈永林等（2018）研究不同尺度交通对空间流动性影响中的测算方法，通过对不同等级的道路运输里程进行加权处理与计算，具体计算公式如下：

$$\text{Trans} = \sum_{i=1}^{n}\left(\frac{V_i L_i}{100S}\right)$$

本研究中 n 取值为5（包括铁路、高速公路、等级公路、一级公路、二级公路），V_i 为 i 类型道路的通行速度，具体取值见表6-2，L_i 为 i 类型道路运输线路长度，S 为省域面积。

表6-2 不同类型道路运行时速

道路类型	铁路	高速公路	一级公路	二级公路	等级公路
运行时速/（km/h）	120	120	80	60	40

本研究中旅游资源禀赋将选用A级旅游景区数量和星级酒店设施数量表征。参考方琰和卞显红（2015）、谭益民（2012）等的研究思路，结合专家意见及不同等级景区、星级酒店的实际差异，对5A、4A、3A景区数量按照5分、3分、1分进行赋值，生成"旅游景区资源指数"指标，对五星级、四星级酒店数量分别按照5分、4分进行赋值，得到"星级酒店资源指数"指标，再采用Topsis熵权法得到旅游资源禀赋指数。

（3）旅游产业结构。通过研究产业结构演变的"六大理论"（"配第—克拉克定理""库兹涅茨假说""雁行理论""产业扩散效应理论和经济成长阶段理论""钱纳里工业化阶段理论""霍夫曼定理"）发现经济发展受产业结构变化的影响，旅游生态效率也会随产业结构的改变而有所不同。已有研究（潘兴侠，2015）指出我国中部六省的生态效率随第三产业比重的增加而提高，因为当第三产业占比提高时，区域经济发展所需的资源消耗有所降低，进而地区生态效率得到提高。因而本研究拟采用第三产业增加值占GDP比重（IS）作为旅游产业结构的度量指标，用以衡量其对旅游生态效率的影响。

（4）技术水平。通过旅游能源资源利用率能有效地判断旅游产业是否在节能减排中取得成效，而单位能源消耗量（ECP）是通过各地区当年能源总消耗除以当年地区生产总值所得，可用以判断旅游能源资源利用率是否提高，因而本研究选取单位能源消耗量（ECP）表征技术水平，用以探索其对旅游生态效率的影响。

（5）对外开放水平。已有研究（杨勇，2019）表明区域经济对外开放水平会对生态效率产生影响。不同程度的对外开放环境会对引入的境外投资总额产生不同影响。区域对外开放水平越高，引入的境外投资总额越高，引进的生态旅游管理经验与生产设备越先进，越能为旅游经济发展提供新契机，为环境治理提供新技术。本研究选取由政府与市场的关系、非国有经济的发展、产品市场的发育程度、要素市场的发育程度、市场中介组织发育和法律制度环境5个方面共同组成的市场化指数（MIN）作为对外开放水平的度量指标。

（6）环境规制。由于环境资源的公共物品性以及市场的非理性，各经济主体在经济发展过程中存在忽视环境的问题，政府必须采用环境政策工具进行规范和调节。本研究在其他学者的研究基础上选用万元GDP二氧化硫排放量、万元GDP烟粉尘排放量、工业固体废物综合利用率、污水处理率和生活垃圾处理率这5个受政府制度层面约束较大的指标，基于Topsis熵值法得到区域环境规制强度指数（ER），其强度越高，表明地区政府对环境的管控力度越大，环境规制越强，反之则越弱。

6.2 模型构建

由于本研究的数据既包含时间序列，又包含截面数据，符合面板数据特征，而面板数据模型既能够因观测值变多，增加估量结果的精确度，同时还有助于增强分析变量之间关系的可靠性。由于旅游生态效率受到多项因素影响，因而本研究运用面板数据模型具体分析其他外部因素以确定该因素是否对旅游生态效率产生影响。本研究将选取多项指标作为自变量，以"自下而上"法和旅游增加值剥离系数法得到的旅游生态效率值分别作为因变量，运用面板数据模型进行验证分析。本部分对我国区域旅游生态效率影响因素的探索中，选取2005—2017年大陆地区30个省级行政区域（西藏自治区除外）数据进行分析。根据上述指标的选取与解释，为缩小数据之间的绝对差异，避免个别极端值的影响，本研究取已有变量的对数进行模型构建，分别得到下列模型。

$$\ln\text{TEE1} = \beta_0 + \beta_1\ln\text{ER} + \beta_2\ln\text{TRE} + \beta_3\ln\text{TA} + \beta_4\ln\text{MIN} + \beta_5\ln\text{IS} + \varepsilon \quad (1)$$

$$\ln\text{TEE1} = \beta_0 + \beta_1\ln\text{ER} + \beta_2\ln\text{ECP} + \beta_3\ln\text{Trans} + \beta_4\ln\text{TRE} + \beta_5\ln\text{TN} + \beta_6\ln\text{TA} + \beta_7\ln\text{MIN} + \beta_8\ln\text{IS} + \varepsilon \quad (2)$$

$$\ln\text{TEE2} = \beta_0 + \beta_1\ln\text{ER} + \beta_2\ln\text{ECP} + \beta_3\ln\text{Trans} + \beta_4\ln\text{TRE} + \beta_5\ln\text{TN} + \beta_6\ln\text{TA} + \beta_7\ln\text{MIN} + \beta_8\ln\text{IS} + \varepsilon \quad (3)$$

$$\ln\text{TEE2} = \beta_0 + \beta_1\ln\text{ER} + \beta_2\ln\text{TRE} + \beta_3\ln\text{TA} + \beta_4\ln\text{MIN} + \beta_5\ln\text{IS} + \varepsilon \quad (4)$$

其中，lnTEE1表示"自下而上"法得到的旅游生态效率值，lnTEE2表示旅游增加值剥离系数法得到的旅游生态效率值，lnER表示环境规制指数，lnECP表示单位能源消耗，lnTrans表示旅游交通基础设施指数，lnTRE表示旅游资源禀赋指数，lnlnTA表示旅游总收入，lnTN表示旅游总人次，lnMIN表示区域市场化指数，lnIS表示第三产业占地区生产总值比重，ε为误差项。

本研究样本为我国30个省级行政区(不含港澳台与西藏自治区)，选取指标数据来源于《中国旅游年鉴》(2006—2018年)、《中国统计年鉴》(2006—2018年)、《中国能源统计年鉴》(2006—2018年)、各地区旅游年鉴（2006—2018年）、各地区统计年鉴（2006—2018年）以及各地区国民经济和社会发展统计公报（2006—2018年），其中区域市场化指数来自中国市场化指数数据库（https://cmi.ssap.com.cn/）。

6.3 区域旅游生态效率影响的实证分析

6.3.1 变量的描述性分析

表6-3所示的各类变量的描述性统计分析源数据均来源于2005—2017年统计数据。从各项指标的最大值与最小值来看，各区域除第三产业占地区生产总值比重差异较小外，其余指标最大值与最小值均存在显著差异，尤其是旅游总人数、旅游总收入、区域市场化指数、单位能源消耗这4项指标。从被解释变量来看，"自下而上"法视角下的旅游生态效率整体均值对数从2005年的0.53下降到2017年的0.16，且研究期间整体与区域间旅游生态效率均呈现稳步上升态势；旅游增加值剥离系数法视角下的旅游旅游生态效率整体均值对数从2005年的1.94下降到2017年的0.80。从解释变量来看，本研究所采用的解释变量多通过指标体系构建所得，除旅游总收入与旅游总人次外，其他指标数值差距较小，标准差也相对较小；从各项指标具体数据以及变化趋势来看，2005—2017年各地区间旅游总人次与旅游总收入呈现显著上升趋势，且增速较快，区域市场化指数缓慢且稳定增加，单位能源消耗则呈现下降态势，环境规制指数、旅游资源禀赋与旅游交通基础设施随时间变化波动幅度较小。整体而言，各项指标的均值、最大值与最小值之间差异明显，这说明各指标存在明显的地域性差别。

表6-3 变量的描述性统计

Var	N	Min	Max	Mean	S.d
"自下而上"法旅游生态效率值（lnTEE1）	390	0.05	1.27	0.309	0.22
旅游增加值剥离系数法旅游生态效率值（lnTEE2）	390	0.15	6.19	1.356	1.12
环境规制指数（lnER）	390	0.26	0.93	0.646	0.17

续表

Var	N	Min	Max	Mean	S.d
单位能源消耗（lnECP）	390	0.24	4.37	1.139	0.66
旅游交通基础设施指数（lnTrans）	390	0.00	1.02	0.319	0.24
旅游资源禀赋指数（lnTRE）	390	0.04	0.82	0.306	0.16
旅游总人次（lnTN）	390	0.05	7.84	2.115	1.77
旅游总收入（lnTA）	390	17.75	12014.83	2234.608	2190.13
区域市场化指数（lnMIN）	390	3.36	41.08	7.450	2.47
第三产业占GDP比重（lnIS）	390	0.30	0.83	0.449	0.09

考虑到异方差以及数据量纲所带来的影响，本研究对上文选取的10个指标进行对数化处理。

6.3.2 模型参数估计

1. "自下而上"法视角

为确定本研究采用随机效应模型还是固定效应模型，需通过 Hausman 检验来判定。若 $p > 0.1$，说明没有证据拒绝原假设，则应采取随机效应模型；若 $p < 0.1$，则有证据拒绝原假设，应采取固定效应模型。借助 Stata 软件将旅游生态效率值（lnTEE1、lnTEE2）分别作为被解释变量，将环境规制指数（lnER）、单位能源消耗（lnECP）、旅游交通基础设施指数（lnTrans）、旅游资源禀赋指数（lnTRE）、旅游总收入（lnTA）、旅游总人次（lnTN）、区域市场化指数（lnMIN）、第三产业占地区生产总值比重（lnIS）作为解释变量，构建面板数据模型。通过 Hausman 检验后选择相应的模型进行回归。表6-4所示为"自下而上"法视角下我国区域旅游生态效率影响因素估计结果，其被解释变量为lnTEE1。表中数据显示，模型（1）与模型（2）的 F 值均在1%水平上显著，R^2 分别为0.796、0.797，说明模型（1）、模型（2）中解释变量对被解释变量的解释程度较高。

表 6-4 "自下而上"视角下旅游生态效率影响因素估计结果

变量名	模型（1）		模型（2）	
	系数	标准误	系数	标准误
lnER	−0.427***	0.104	−0.452***	0.107
lnECP			0.092	0.106
lnTrans			0.043	0.064
lnTRE	−0.398***	0.047	−0.388***	0.050
lnTN			0.057	0.098
lnTA	−0.268***	0.028	−0.301***	0.079
lnMIN	0.204**	0.111	0.198**	0.113
lnIS	−0.713***	0.170	−0.663***	0.174
_cons	1.834***	0.396	2.111***	0.765
R^2	0.796		0.797	
F 值	1373.88***		1379.82***	
	被解释变量：lnTEE1			

注：*表示在10%水平上显著，**表示在5%水平上显著，***表示在1%水平上显著；本部分所有数据均保留3位小数。

模型（1）中共选用5个指标作为解释变量，其中环境规制指数、旅游资源禀赋、旅游总收入以及第三产业结构对我国区域旅游生态效率的影响在1%水平下显著，市场化指数则在5%水平下显著。数据显示说明，环境规制指数、旅游资源禀赋、旅游总收入、第三产业结构对我国区域旅游生态效率值存在显著的负向影响，即我国环境规制指数、旅游资源禀赋分数、旅游总收入、第三产业结构占比的增加，会使得我国区域旅游生态效率值变小，区域旅游生态效率水平则将优化提升；而区域市场化指数对我国区域旅游生态效率值存在显著的正向影响，即我国区域对外开放水平越高，区域旅游生态效率值会不断上升，区域旅游生态效率水平会变差。

为进一步优化模型，深入探索其他影响因素对旅游生态效率的影响，在原有模型基础上加入单位能源消耗、旅游交通基础设施和旅游总人次3个变量，得到模型（2）。模型（2）共选用8个指标作为解释变量，其中部分影响因素估计结果不显著，而环境规制指数、旅游资源禀赋、旅游总收入以及第三产业结构对我国区域旅游生态效率的影响在1%水平下显著，市场化指数则在5%水平下显著，其余变量的作用均不显著。

对模型（1）、模型（2）进行如下分析。

第一，两个模型的环境规制指数回归系数为负，且均通过了1%的显著性水平检验（$p<0.01$）。环境规制指数是选用万元GDP二氧化硫排放量、万元GDP烟粉尘排放量、工业固体废物综合利用率、污水处理率和生活垃圾处理率这5个受政府制度层面约束较大的指标折合而成，其对旅游生态效率存在显著的积极影响。说明旅游业可持续发展的必要条件之一是改善区域环境治理水平。受政府政策、区域治理能力的影响，以及天气、季节等不可控因素的影响，各地区之间环境治理水平有所不同，因而所得区域旅游生态效率存在显著差异。由此可见，环境治理水平能够直接作用于旅游业的发展以及旅游生态效率的提升。

第二，两个模型的旅游资源禀赋回归系数均为负，且通过了1%的显著性水平检验（$p<0.01$）。本研究主要通过星级酒店与A级景区的丰富度对地区旅游资源禀赋进行评估，从回归结果来看，旅游资源禀赋对"自下而上"法视角下测算出的旅游生态效率值存在显著的负向效应，对于旅游生态效率水平则表现为旅游资源禀赋越丰富，旅游生态效率水平越高。产生该种现象的原因可能是本研究选择的A级景区和星级酒店在一定程度上是旅游业高质量发展的表征指标之一，一个地区上述资源越丰富，说明其所在区域经济也越发达，越有可能提升旅游生态效率。

第三，两个模型的旅游总收入回归系数均为负，且通过了1%的显著性水平检验（$p<0.01$）。旅游总收入对我国区域旅游生态效率值存在显著的负向效应，即当旅游总收入上升1%时，旅游生态效率水平会上升0.301%。当旅游总收入增加时，旅游生态效率水平会随之上升，产生该变化的原因可能是旅游总收入越高，意味着能有更多的资源投入消除旅游环境影响，使得旅游生态效率水平得到提升。

第四，两个模型的区域市场化指数所得回归系数均为正，且通过了5%的显著性水平检验（$p<0.01$）。本研究所选用的区域市场化指数由5个方面组成，以该指标衡量旅游业对外开放水平，其回归结果显示，旅游生态效率发展水平随着区域市场化指数的提高而下降。市场化指数主要用于反映市场经济的开放程度，该回归结果意味着市场越开放的地区，越有能力招商引资发展工业或其他产业，

对旅游业可能存在挤出效应,因而市场化指数对旅游生态效率发展水平存在显著的负向影响。

第五,两个模型的第三产业占GDP比重所得回归系数均为负,且通过了1%的显著性水平检验($p<0.01$)。本研究以第三产业占GDP比重作为衡量产业结构的指标,其回归结果表明,产业结构越趋于合理,旅游经济与旅游环境协调度越高,旅游生态效率水平越高。当前我国推动经济高质量发展,主要将重点放在推动产业结构转型升级上。第三产业的发展将会使一二产业的占比减少,因而区域对能源的利用效率也会提升。

2.旅游增加值剥离系数法视角

表6-5为旅游增加值剥离系数法视角下的我国区域生态效率影响因素估计结果,其被解释变量为lnTEE2。与模型(1)、模型(2)相比,模型(3)、模型(4)被解释变量相同,解释变量发生改变。表中数据显示,模型(3)与模型(4)的F值均在1%水平上显著,R^2分别为0.669、0.626,说明模型(3)、模型(4)拟合程度均较好。

表6-5 旅游增加值剥离系数法视角下旅游生态效率影响因素估计结果

	模型(3)		模型(4)	
lnER	−0.215**	0.101	−0.282**	0.114
lnECP	0.683***	0.122		
lnTrans	0.436***	0.107		
lnTRE	−0.182***	0.056	−0.229***	0.054
lnTN	0.287***	0.106		
lnTA	−0.342***	0.086	−0.177***	0.036
lnMIN	0.240**	0.117	0.279**	0.122
lnIS	−0.715***	0.189	−0.911***	0.195
_cons	4.187***	0.878	2.651***	0.434
R^2	0.669		0.626	
F	89.25***		119.29***	
被解释变量:lnTEE2				

注:*表示在10%水平上显著,**表示在5%水平上显著,***表示在1%水平上显著;本部分所有数据均保留3位小数。

模型（3）共选用8个指标作为解释变量，其中单位能源消耗、旅游交通基础设施、旅游资源禀赋、旅游总人次、旅游总收入与产业结构对我国区域旅游生态效率的影响在1%水平下显著，环境规制与区域市场化指数对我国区域旅游生态效率的影响在5%水平下显著。模型（4）共选用5个指标作为解释变量，所有影响因素估计结果均显著，其中旅游资源禀赋、旅游总收入、产业结构对我国区域旅游生态效率的影响在1%水平下显著，环境规制指数与区域市场化指数分别在5%水平下显著。以下对模型（3）、模型（4）中显著影响因素展开详细分析。

第一，两个模型数据显示说明单位能源消耗、旅游交通基础设施、旅游总人数、市场化发展水平对被解释变量存在显著的正向影响。由于旅游生态效率值越高，旅游生态效率水平越低，所以当单位能源消耗越高、旅游交通基础设施水平越高、旅游总人数越多或市场化开发指数越高时，我国的区域旅游生态效率会呈现下降趋势。环境规制、旅游资源禀赋、旅游总收入以及第三产业结构与我国区域旅游生态效率值存在显著的负相关，即当我国环境规制越完善、区域旅游资源越丰富、旅游总收入越高或第三产业结构越趋于合理时，我国的区域旅游生态效率会呈现上升趋势。上述结果与"自下而上"法得到的回归结果基本一致，但在部分指标的显著性上有所差异。

第二，旅游交通基础设施回归系数为正，且通过了1%的显著性水平检验（$p<0.01$）。这意味着旅游交通基础设施与旅游生态效率值变化方向一致，即当旅游交通基础设施水平越高时，我国旅游生态效率水平越低。已有研究表明旅游交通部门所产生的碳排放是我国旅游业碳排放的主要组成部分，且旅游交通基础设施水平决定了旅游目的地的可进入性水平，因而当旅游交通设施水平越高时，游客到达旅游目的地的通畅度和便利度越高，游客数量便越高，当游客数量大幅度增加时，旅游交通碳排放量以及旅游住宿、旅游游憩活动等碳排放量均会随游客的增加而增加，即旅游碳排放总量大幅度上升，若旅游碳排放总量增速高于旅游总收入增速，则旅游生态效率水平会呈现下降趋势。

第三，旅游总人次回归系数为正，且通过了1%的显著性水平检验（$p<0.01$）。旅游总人次对我国区域旅游生态效率值存在显著的正向效应，当旅游总人次上升1%时，旅游生态效率值会降低0.287%，即旅游生态效率水平会上升0.287%。产生该变化的原因可能是旅游过程中游客会消耗一定的自然资源与能源，相应地会产生温室气体排放等环境问题，游客人数越多，则其在旅游出行过

程中所产生的碳排放量相应越多，进而使得旅游生态效率水平有所下降。

第四，旅游总收入回归系数为负，且通过了1%的显著性水平检验（$p<0.01$）。旅游总收入对我国区域旅游生态效率值存在显著的负向影响，当旅游收入增加1%时，旅游生态效率值会相对下降0.342%，即旅游生态效率水平会上升0.342%。从本部分的回归结果可以看出，旅游总收入对旅游生态效率的影响较大，当旅游总收入增加时，旅游生态效率水平会有所上升。旅游总收入是在测度旅游生态效率时用以衡量旅游经济维度的指标，旅游总收入增加幅度越大，旅游总收入的增速逐渐高于旅游碳排放增速，旅游碳排放量与旅游总收入的比值越小，则旅游生态效率水平越高。

从两种视角下所得的回归结果来看，由于旅游碳排放量测算方法不同，所得的回归结果有一定差异，但整体而言，环境规制、旅游资源禀赋、市场化指数、第三产业结构、单位GDP能耗都对旅游生态效率产生显著影响。

◆ 6.4 本章小结

本章节利用计量模型，分别以两种视角下的旅游生态效率测度结果作为被解释变量进行回归，对其影响因素进行分析，具体内容与结果如下。

首先，通过对国内外学者已有研究成果的梳理和理论分析，提炼出影响我国旅游生态效率的六大因素：旅游产业规模、旅游产业环境、产业结构、技术水平、对外开放水平与环境规制。为了进一步验证这些因素对我国旅游生态效率的影响，通过《中国旅游年鉴》（2006—2018年）、《中国统计年鉴》（2006—2018年）、《中国能源统计年鉴》（2006—2018年）、各地区旅游年鉴（2006—2018年）、各地区统计年鉴（2006—2018年）以及各地区国民经济和社会发展统计公报（2006—2018年）、中国市场化指数数据库等收集相应数据，整理后得到2005—2017年的面板数据集。

其次，通过Hausman检验，基于面板固定效应模型和面板随机效应模型对旅游生态效率的影响因素进行回归分析，具体结果如下：环境规制、旅游资源禀赋、市场化指数、第三产业结构、单位GDP能耗都对旅游生态效率产生显著影响，其中环境规制指数、第三产业结构对旅游生态效率水平有积极影响，加强环境规制或发展第三产业能够优化区域旅游生态效率；单位能源消耗、旅游资源禀赋和市场化指数则对旅游生态效率有负面影响，因此需通过优化GDP能耗，降低旅游接待服务设施能耗水平和优化市场开放结构来改善旅游生态效率。

第 7 章

中国区域旅游生态效率提升路径

7.1 结论

本研究基于可持续发展理论、生态旅游理论、生命周期评价理论与生态经济平衡理论，立足于旅游生态效率核心概念，通过"自下而上"法和旅游增加值剥离系数法分别估算我国2000—2017年区域旅游业碳排放量，为后续旅游生态效率的测度提供数据支撑。采用单一比值法，选取旅游总收入作为旅游业经济指标，选取旅游业碳排放总量作为旅游业环境影响指标，构建我国区域旅游生态效率测度基础模型。实证探究部分，通过测度结果的变化趋势对我国区域旅游生态效率的变化进行静态分析；通过整体数据的核密度曲线、莫兰指数，以及各地区旅游生态效率发展水平空间分布特征探讨我国区域旅游生态效率的空间动态演进；通过泰尔指数挖掘旅游生态效率的时间演变规律，探究其区域分布差异；最后通过构建基础计量模型对选取的六大因素进行回归分析，探讨我国旅游生态效率的影响因素，并基于此提出一些政策建议。

第一，本研究通过两种不同的方法，依赖不同的模型与数据对旅游业碳排放量进行估算。其测度结果均显示，2000—2017年我国旅游业碳排放总量变化趋势与我国旅游经济变化趋势大致相同，随时间变化呈显著上升态势。从数值总量来看，"自下而上"法下测得的旅游碳排放总量要明显低于旅游增加值剥离系数法下测得的碳排放总量。从变化趋势与变化结构来看，"自下而上"法对旅游业各部门进行了细分，通过旅游业碳排放量结构分布可知旅游交通部门是我国旅游产业碳排放的主要来源，且研究期间我国旅游业碳排放量构成结构存在显著变化，2000—2009年我国旅游业各部门占比排序分别是旅游交通部门、旅游住宿部门、游憩活动部门，2010—2017年旅游住宿部门由我国旅游业碳排放第二大部门转变为第三大部门，其碳排放量占我国旅游业碳排放总量比例已低于游憩活动部门。旅游增加值剥离系数法下除2014年我国旅游业碳排放总量出现了较为明显的负增长外，其余年份均显著增加。

第二，对2000—2017年我国旅游生态效率的测度结果及其总体均值进行静态分析。从两种方法下的我国区域旅游生态效率均值大小来看，由于"自下而上"法所测得的旅游碳排放总量显著小于旅游增加值剥离系数法下测得的总量，因此该方法下的旅游生态效率值也相对小于旅游增加值剥离系数法下所测得的均值。从数值变化趋势来看,"自下而上"法下旅游生态效率均值从2000年的0.0801kgCO$_{2-e}$/¥下降到2017年的0.0158kgCO$_{2-e}$/¥,旅游增加值剥离系数法所测得的旅游生态效率均值从2000年的0.1827kgCO$_{2-e}$/¥下降到2017年的0.0789kgCO$_{2-e}$/¥,两种方法的区域旅游生态效率发展水平均呈现上升态势。从区域分解来看,两种方法下的我国地区间旅游生态效率变化情况不尽相同,但地区间均存在显著差异,即地区间旅游生态效率存在显著不均衡性。"自下而上"法视角下除北京、上海两地,其余地区旅游生态效率水平均显著提高,除此之外,海南、宁夏、新疆、甘肃、河北等地区旅游生态效率明显低于其他地区;旅游增加值剥离系数法视角下,北京、上海、重庆、福建、浙江、广东地区的旅游生态效率发展水平持续保持较高水平,而贵州、新疆、甘肃、黑龙江、辽宁、吉林等地区受地理位置所限,其旅游生态效率发展水平相对较低。

第三,绘制2000—2017年我国旅游生态效率核密度变化曲线,分析其动态演进特征。从曲线变化趋势来看,我国地区间旅游生态效率差距正在逐步缩小,两极分化现象不断减弱。从我国区域旅游生态效率空间的分布特征上来看,不同地区的旅游生态效率的变动很大,并且地区之间的空间转变效应不断增强,旅游生态效率在空间溢出上的范围显著增加。2000—2017年我国旅游生态效率高水平地区空间格局分布呈现出由东南方位逐渐向西北方位递增变化,相同效率水平地区呈现空间聚集格局。通过研究期间我国区域旅游生态效率全局莫兰指数的变化趋势可知,目前我国旅游生态效率区域平衡性还有待进一步加强。

第四,本研究以旅游收入为权重分别计算2000—2017年我国以及各区域的旅游生态效率泰尔指数,并对其进行分解。结果显示,2000—2017年"自下而上"法视角下我国旅游生态效率泰尔指数呈现明显下降态势,除2003年、2008年有小幅度上升外,其余年份均不断下降,即我国地区旅游生态效率与旅游总收入之间的匹配程度越来越高。从区域分解来看,中部地区旅游生态效率组内差距变化趋势与我国整体发展水平差距变化趋势大致相近;东部地区组内差距远高于其他三大地区,中部地区呈现持续减小态势,西部地区组内差距在2004年之后持续小幅度上升,东北地区呈现先平稳缓慢上升后小幅度下降趋势。旅游增加值剥离系数法视角下旅游生态效率发展水平差异同样呈缩小态势。从地区分解的组内差距来看,2000—2017年东部地区组内差距远高于其他三大地区,东北地区组内差距波动幅度小,整体差距小,中部地区、西部地区变化趋势相近,除少部分年份外，研究期间均呈稳步上升趋势。

选取部分重点旅游城市2010年、2015年、2017年的旅游生态效率值进行静态和动态分析。从静态分析来看，除上海市旅游业碳排放总量有小幅度下降外，其余城市旅游碳排放量均呈现显著上升态势，与2010年相比，超过三分之二的城市旅游生态效率发展水平不断上升，且与省域旅游生态效率相比，这些城市旅游生态效率发展水平处于相对较高水平。从时间的动态演变上来看，从2010年到2018年，所研究的城市之间旅游生态效率差异程度较大，但差距随时间推移正在逐步减小，但旅游生态效率整体处于一个波动上升的态势，各城市间的旅游生态效率差距在逐步缩小。

第五，本研究构建基础模型后，基于面板固定效应模型对旅游生态效率的影响因素进行回归分析，回归结果显示：环境规制、单位能源消耗、市场化指数、旅游资源禀赋、第三产业结构五大因素对旅游生态效率都产生显著影响，其中环境规制指数、第三产业结构对旅游生态效率水平有积极影响，单位能源消耗、旅游资源禀赋和市场化指数则对旅游生态效率有负面影响。

7.2 对策建议

通过旅游业经济发展水平与环境协调等有效指标，评估旅游生态效率，以此保障我国的绿水青山，推进我国旅游业的良性发展。根据本研究第四、五、六章的结果分析所得结论，本章主要从旅游空间结构与产业结构、旅游创新管理与技术投入、旅游基础设施与服务体系、旅游开发程度与区域协作、生态旅游政策与政府作用等方面展开，提出相关的对策建议。

7.2.1 优化旅游空间结构，促进旅游产业提质升级

从我国区域间旅游生态效率的空间分布特征与动态演进过程来看，目前我国地区间旅游生态效率发展水平仍相差较大，区域平衡性仍有待加强。因而优化旅游空间结构，系统化调配旅游要素空间配置，促进旅游产业提质升级，是逐步优化并推进区域旅游产业效率协调发展的关键支撑。对于各个旅游资源要素而言，

其具有空间属性特征，在区域旅游产业的时空发展过程中，空间结构化特征起到了至关重要的作用。旅游资源的优化配置，离不开理想的空间结构。旅游资源具有特定性、固定性，因而是不可移动的，但是资本和劳动力具有很强的流动性。不可移动的本地旅游资源，以及广义层面的旅游供求关系，两部分内容直接决定了区域旅游空间结构。对于区域性的旅游产业而言，该空间系统具有整体、开放的特征。因而在区域旅游产业空间结构优化过程中，应从系统、开放的层面加以解析。首先，制定提高效率的具体举措，逐步优化旅游产业空间要素分布，在归纳总结区域旅游产业发展要素的前提下，确保空间配置的合理性，并在区域范围之内，拟定要素集聚和分散的恰当性标准。其次，对不同区域的旅游产业进行比对，划分其发展优势，优化整合优势条件，划分不同区域旅游产业的建设目标，统筹其主体功能。最后，进一步强化并有效优化区域旅游空间网络，在空间中实现各个区域的紧密关联性，扩大旅游产业的服务范畴，在"投入-产出"过程中，进一步强化区域与区域之间的互动性，利用其溢出效应，在更大的范围之内，实现旅游产业产出共享，促进区域旅游网络的互动性、互补性。

同时，积极主动地优化产业结构，进一步强化环保观念，实现旅游产业结构的优化升级，从而全方位提高旅游生态效率。各个地区在探讨解析旅游生态效率与各个因素的关系，从系统化层面分析空间结构中各个因素对生态效率影响的交互作用基础上，有效地整合与生态效率相关的各个要素，从各个因素的影响和作用着手，有目的性地进行整合调整，从而有效地提升生态效率。首先，增强全局观，全方位把控区域内旅游的智慧化发展进程，实现旅游产业、工业、农业、其他服务业等各个产业之间的融合性发展，加快步伐，推进传统旅游产业的发展，通过"旅游+"的发展模式，延长产业链，发挥创新技术、经济发展以及产业结构优化的作用，全面促进生态效率的提升。其次，加大宣传力度，有效推广环境保护法律法规，增强公民的环境保护意识，不要错误地认为旅游产业就应该是无烟产业，发挥大众的主观能动性，鼓励其参与到生态文明建设之中，为优化生态环境出一份力。

7.2.2 提升创新管理水平，加大旅游技术资金投入

本研究以单位能源消耗这一指标表征区域技术水平，基于面板回归模型结果发现，单位能源消耗对区域旅游生态效率存在显著影响，因而提升创新管理水

平，加大旅游技术资金投入，是促进旅游低碳环保技术稳步发展、提升区域生态效率的有效路径之一。通过旅游增加值剥离系数法视角下的实证分析可以了解，技术水平对旅游生态效率的积极作用主要通过技术创新和产业结构的优化得以实现。因此，加大力度推动旅游产业的清洁技术、环保技术的创新性发展，增加资金投入，融合创新管理，扶持旅游区域的科技发展，通过科技创新的举措，正面推进旅游产业的低碳化发展，不断提升旅游生态效率。同时，为了进一步缩减地区科技发展水平的差距，政府部门应进一步强化转移支付的力度，精简程序，降低标准，让落后地区能够快速地申请到科研经费，同时采用贷款、产品研发、税费等补贴方式，促进一些科技发展水平较低的地区吸引到更多的企业、人才加入其中，进而逐步实现旅游低碳环保科技发展的空间布局优化。从地区发展情况来看，东、中部地区经济较为发达，应充分发挥经济发展潜力优势，把握生态文明建设的发展机遇，引入国内外投资，运用先进管理理念，合理化配置旅游资源，促使旅游资源利用效率最大化。东北地区与西部地区生态旅游发展速度与效率相对缓慢，应逐步优化旅游经济发展架构，调整步伐，提升管理水平，推进产业管理模式的创新发展，进一步从友好型清洁技术等基础创新技术的推广开始提高科技水平，提升旅游生态效率发展水平。

7.2.3 完善旅游基础设施，建立健全公共服务体系

从影响因素探究中可知旅游交通基础设施对旅游生态存在显著的影响，旅游交通基础设施是旅游配置基础设施之一，因而从旅游配置基础设施的层面着手，建立健全公共服务体系，有效提升旅游公共服务的水平。有效提升旅游产业和行业内效率，主要从两个方面着手：一方面，通过提升劳动生产率，借助于科技水平的方式，提升规模效益最大化；另一方面，基于成本控制的节约角度着手，在现有的投入前提下，提升公共服务水平，进而全方位优化环境，提升旅游生态效率水平。其一，提升旅游交通的服务品质。海陆空等交通方式紧密结合在一起，形成全新的旅游交通脉络，构建秀丽风景；同时，提供便利的交通，吸引游客，实现旅游产业的可持续发展。其二，在区域内，加快步伐保障集散服务的建设性发展。例如，景区景点在一些人口密集或者交通不便的地方，通过建设旅游服务中心的方式，给游客带来理想的旅游体验，同时提供相应安全信息和服务，满足出行交通所需。其三，逐步健全旅游相关的设施，使得当地景点景区的层次有质

的提升；优化基础性设施的建设；推进旅游产品的层次化、多元化发展，在不同区域，结合当地特色，推出拥有不同文化内涵的产品，增加游玩的趣味性。其四，充分发挥当地媒体力量作用，开展智能化服务，有效地保障旅游服务质量。

不仅仅要逐步健全公共服务体系，同时要加大投资力度，重点培养文旅复合型人才以及技术型人才。随着发展水平的全面提升，旅游产业也将逐步转型，不再是传统的劳动力密集型产业，逐步发展成为信息和资本密集型产业。在我国一些旅游业较为发达的地区，这种现象普遍存在，整个旅游产业从传统服务业逐步过渡到现代服务业。剔除信息化水平的影响因素，开展实证分析最终得出结果表明，在整个旅游行业之中，随着旅游产业的快速增长以及效率的不断提升，从业人员也在增加，但是其整体对产业的贡献在进一步缩减，应重视并加大人力资本的建设，提高旅游从业人员的专业素质，在持续深化旅游信息化的大前提之下，逐步加快步伐，逐步健全培养旅游复合型人才的相关工作。

7.2.4 加大合作开发力度，加强区域旅游协作效应

通过核密度曲线、空间分布情况、莫兰指数、泰尔指数等分析发现，我国区域旅游生态效率存在空间集聚性，地区间旅游生态效率发展水平在空间上存在依赖关系，地理位置靠近的地区间经济水平、城镇化水平等是间接影响旅游生态效率发展水平的因素。对于我国各个地区而言，应从自身的旅游资源禀赋出发，充分利用相邻地区空间优势，强化地区之间的关联性，有效开发并保护旅游业发展。通过全方位、多元化的联动合作方式，推进旅游项目、区域旅游的规划性建设，进而全方位提升旅游生态效率水平。全面考量在区域旅游产业的发展过程中，产业效率的演变作用，统筹规划并制定相应的政策推进旅游产业发展，在制定政策过程中，融入旅游产业效率的空间关联性与互动性，探索式地推进城市群体旅游协同圈或者一体化建设发展。打破旅游资源要素的政策性壁垒，推进区域性产业投入与产出的资源共享，减少空间的非均衡性发展，达成协同优化发展目标。

推动区域旅游协同发展，在整体区域内搭建旅游协同发展的格局。竭尽所能，把景区打造成A级旅游景区，提高旅游景区的知名度，通过高规格景区质量、服务质量去吸引到更多的游客。通过优化整合投入要素，实现资源到效益方面的过渡。通过本研究发现，无论是本地区还是邻近地区的经济水平都会影响本

地区的旅游生态效率发展水平。总体而言，我国区域经济发展水平呈现出东西部高低不平衡特征，东部地区应通过空间溢出的方式，辐射到中西部地区，加大这些区域经济、旅游要素的发展，形成联动机制，实现区域协同发展。中西部地区应该紧握时代趋势，发挥优势资源的作用，实现跨越式发展。东部地区一些深入开发旅游产品的区域，要充分发挥地方特色，结合媒体优势，有效提升服务质量和旅游资源文化的内在，实现旅游产业链的延长化发展，促使效应的规模化发展。在中部地区，对于一些潜在旅游资源地区、有待开发的地区，应严格把控建设策略，进一步强化基础设施的建设，完成配套设施的建设，归纳总结先进地区的技术应用，提升其技术水平，实现东部地区的速度和质量的快速增长，发挥示范性效应，推进其快速发展。在西部地区、东北地区，在缺乏地理区位优势和自然环境优势的先决条件之下，整合多地区的自然优势，凝结成旅游生命共同体，加大对外开发力度，发挥区域效应，促使旅游效率最大化，加强区域旅游协作效应，减少不同区域之间的差距。

7.2.5 把握生态旅游政策，发挥政府积极引导作用

2007年我国便开始号召全球各国、各地区积极采取协作，管控旅游业碳排放量，倡导低碳旅游；十八届五中全会中更是将"绿色"作为我国五大新发展理念之一。近年来，为正确把握绿色转型新机遇，探索生态旅游新模式，我国以及各地区政府积极构筑有效的政策支持体系，致力提升生态效率发展水平，做好旅游经济与环境的协调发展。把握生态旅游政策，发挥政府积极引导作用，各地区需要从旅游资源统筹规划、管理体系升级、旅游政策法规、旅游基础设施等方面切实开展绿色生态旅游。有效推进生态旅游效率的提升，政府的作用至关重要。首先，政府的积极引导和政策支持有利于加快旅游产业经济与环境的融合发展。政府部门对于旅游产业结构调整、旅游发展政策制定、旅游产业环境分析均具有重要作用，同时政府部门对于旅游业发展的资金支持和政策扶持对旅游生态效率的提升具有持久而深远的影响。其次，政府应从当地的实际情况出发，有针对性地制定相应的提升生态效率的策略。最后，低碳旅游本身是理念性的，无论是在供给端还是在消费端，其推广和落实需要政府的引导和支持。

◆ 7.3 不足与展望

尽管本研究在中国区域旅游生态效率测度、旅游生态效率时空演变与区域差异、旅游生态效率的影响因素研究等方面在理论与方法上进行了一些有价值的探讨，归纳出一些有益的结论，并基于此提出一些政策建议，但限于研究条件和个人能力，本研究仍有以下不足。

第一，研究区域空间尺度有待"升级"。本研究在旅游生态效率的空间分布特征以中国大陆地区的省级行政区作为测算主体，后面为使研究更为全面性，以及对数据测算方法的科学性进行进一步检验，引入市域、县域作为研究对象。研究结论已经显示出尺度差异对旅游生态效率与人均旅游消费关系的不一致性，因此为使研究更为细致化，后续研究有必要对空间尺度进一步细分。

第二，研究数据的全面性和精准性有待进一步提升。本文基于2000—2017年的数据对我国区域旅游生态效率进行测度，虽然时间跨度较大，但2017年以后的数据未能覆盖，由于疫情期间数据发布的延时性，本研究在开展时仅能获得2018年《中国能源统计年鉴》，后续年间的数据尚未公布，因而未来可考虑扩大研究的时间跨度，增加对时间的纵向比较，使得研究变得更为全面性。此外，不论是生态效率还是影响因素的实证研究都需要丰富的研究数据支撑，尽量本研究采用权威部门的数据以保证客观性，但由于目前旅游经济系统数据库尚不够完善，本研究在计算旅游增加值剥离系数时"以全概偏"，使用中国旅游产业增长系数代替各地区旅游产业增长系数，在计算时所使用的旅游相关产业增加值包含旅游业增加值和旅游相关产业增加值，因而会使得测算结果与实际结果存在细微偏差。伴随我国旅游的统计数据完善，后续研究中可对该部分数据进一步完善与细化，使得研究变得更具科学性。

第三，拓展旅游生态效率的影响因素的研究。本研究主要是基于以往的文献对旅游生态效率的影响因素进行分析，尽管有理有据，将比较重要的指标都纳入影响因素分析中，且都源自客观数据。未来可考虑增加部分主观因素作为研究的影响因素，例如当地居民的生态保护意识等，通过收集问卷获得各个区域的数据，以主客观数据结合方式，来构建整个旅游生态效率的指标体系。

第四，区域内的深入时空分析和针对性建议有待进一步加强。由于研究内容和主要逻辑集中在旅游生态效率及其影响因素的整体框架，本研究缺乏对全国各区域的空间差异的细节分析与处理。在生态效率的静态与动态分析中，由于篇幅的限制，没有对旅游生态效率做进一步的分解分析和讨论，研究不够深入。此外，本研究基于数据分析所得结论虽然具有客观性和实践指导意义，但是随后所提出的对策建议多从宏观视野展开，不能细化到中观和微观层面，可能存在部分政策较为宽泛等问题。未来研究可考虑对数据进行详细分析，并基于研究结论提出更为具体的对策建议。

附录

附表1 2000—2017年旅游交通（民航）碳排放估算

（单位：万吨）

地区	2000年	2001年	2002年	2003年	2004年	2005年	2006年	2007年	2008年	2009年	2010年	2011年	2012年	2013年	2014年	2015年	2016年	2017年
北京	177.24	201.40	242.45	233.96	469.52	511.70	586.78	644.71	634.65	701.08	901.20	996.72	1048.78	1111.37	1186.43	1310.94	1447.16	1609.55
天津	9.66	9.96	12.09	16.22	22.43	25.45	31.97	37.73	36.09	42.88	52.08	61.77	122.23	145.04	173.00	195.98	227.28	270.32
河北	2.04	18.27	1.58	1.82	2.39	4.14	5.82	37.73	10.47	13.22	27.86	42.83	50.41	56.60	64.32	70.39	95.83	135.42
山西	11.84	23.78	29.15	31.97	76.15	88.19	104.32	127.71	159.28	161.22	198.79	250.29	284.20	290.19	301.09	338.71	398.57	508.88
内蒙古	21.58	26.79	26.47	27.04	41.74	50.44	52.06	51.67	35.80	77.30	104.09	98.35	129.38	152.20	163.75	193.29	223.16	278.42
辽宁	47.59	57.84	60.33	64.16	84.74	70.09	85.03	93.46	91.83	95.18	104.09	105.04	117.30	126.59	182.32	187.39	200.13	217.08
吉林	9.51	10.69	15.09	16.66	18.89	20.94	17.39	27.54	27.33	28.95	35.01	35.53	35.50	40.78	47.36	52.38	54.38	58.12
黑龙江	12.56	13.04	14.36	34.86	44.96	46.10	59.61	74.62	84.54	111.09	124.69	136.31	171.92	200.73	236.82	265.82	315.98	371.71
上海	198.26	226.62	267.71	284.69	536.66	602.83	675.78	823.83	805.03	951.87	1165.14	1279.66	1171.90	1304.72	1370.37	1627.66	1901.41	2145.46
江苏	14.02	17.40	20.10	19.92	25.99	27.61	35.18	43.45	44.34	51.18	52.41	68.81	81.13	91.24	102.87	111.80	132.87	154.61
浙江	37.39	40.00	50.34	52.79	74.94	87.55	106.73	142.52	154.51	177.51	204.79	223.46	234.70	273.23	312.96	352.43	402.88	468.15
安徽	17.15	19.53	16.88	16.18	24.54	27.15	28.05	31.53	29.98	33.64	27.60	28.86	34.76	36.56	38.51	45.54	52.83	51.21
福建	32.04	36.99	42.25	44.99	58.30	67.08	76.53	93.72	97.13	112.79	138.55	161.39	184.40	206.94	238.82	290.15	336.71	411.64
江西	9.61	9.09	10.33	9.13	12.70	15.27	16.84	18.40	17.72	19.03	19.10	23.57	26.24	121.12	167.25	183.03	200.62	271.59
山东	32.56	36.74	42.87	44.78	62.23	79.45	94.66	113.02	119.51	139.96	170.52	193.78	202.57	233.11	259.16	297.17	361.81	396.71
河南	8.18	8.51	9.65	10.71	25.48	27.15	33.93	41.21	41.58	54.89	50.23	85.86	100.79	113.94	138.12	156.79	193.15	226.01
湖北	25.72	27.27	30.35	33.99	44.36	52.79	59.97	78.54	79.53	65.38	99.97	103.93	107.35	110.33	121.22	130.10	135.82	148.00
湖南	7.37	8.91	9.60	11.90	23.43	29.03	35.07	44.49	43.23	56.49	65.68	72.79	79.47	88.73	99.28	119.82	149.15	162.07
广东	169.68	201.65	239.50	223.81	315.68	545.85	618.19	750.98	779.22	887.97	1046.25	1149.90	1262.19	1378.28	1521.48	1661.66	1799.81	1954.91
广西	45.36	47.59	53.25	44.41	56.78	69.76	85.72	106.60	108.41	138.74	159.47	185.51	197.64	220.90	256.38	276.95	312.13	376.07
海南	46.45	54.63	57.92	52.81	73.15	76.64	119.37	136.62	201.82	179.36	191.75	220.15	241.82	285.41	325.42	357.65	457.00	519.26
重庆	12.28	13.28	15.02	13.73	19.33	23.95	26.57	36.25	50.51	62.34	76.16	118.07	132.49	156.30	182.05	212.35	246.80	307.84
四川	72.55	78.26	92.94	84.78	116.44	141.03	168.75	202.17	192.42	247.01	170.22	326.25	350.71	442.66	511.96	584.51	639.13	697.83
贵州	20.25	22.39	26.05	28.77	40.35	45.94	55.73	64.44	66.92	85.44	97.11	119.43	141.55	181.52	231.72	263.46	324.73	427.83
云南	37.62	42.21	43.59	43.08	56.89	61.29	72.07	92.16	76.91	88.38	96.77	100.37	115.23	136.30	159.76	168.91	165.14	167.02
西藏	1.74	1.79	1.85	1.88	2.22	2.57	3.69	5.34	4.65	5.35	7.15	8.06	8.96	10.23	11.95	17.13	24.09	35.62
陕西	48.91	50.96	53.77	34.38	70.02	89.51	95.64	92.27	91.95	86.35	109.46	126.42	111.68	119.76	167.95	157.52	137.48	154.80
甘肃	9.49	8.67	8.56	9.44	12.38	9.24	10.07	12.52	10.74	13.18	12.42	12.93	14.96	15.48	15.18	18.87	19.62	20.66
青海	0.90	1.06	1.26	1.36	1.92	2.27	3.09	3.70	4.03	5.88	7.21	8.80	11.72	14.33	17.24	18.35	20.47	24.62
宁夏	1.80	1.65	1.70	2.22	3.99	4.97	6.13	8.36	10.11	14.08	18.89	21.45	24.66	27.72	34.27	40.27	45.50	61.85
新疆	30.33	28.78	31.96	33.34	43.13	49.74	54.86	62.72	66.12	69.67	78.79	84.91	109.26	118.43	118.61	123.50	119.85	157.50

附录　133

附表 2　2000—2017 年旅游交通（铁路）碳排放估算

（单位：万吨）

地区	2000年	2001年	2002年	2003年	2004年	2005年	2006年	2007年	2008年	2009年	2010年	2011年	2012年	2013年	2014年	2015年	2016年	2017年
北京	14.26	14.87	14.33	13.63	16.11	16.92	19.42	19.81	19.67	20.40	21.70	23.69	25.38	25.72	29.57	32.56	32.88	33.53
天津	18.45	18.20	18.76	17.72	21.44	22.93	24.40	25.86	28.60	31.11	34.61	38.13	41.45	45.11	39.97	43.09	46.39	49.02
河北	112.21	119.51	120.03	110.37	137.77	145.06	158.86	171.24	183.80	193.36	210.09	225.59	227.47	249.37	283.51	271.58	285.71	299.84
山西	37.95	41.23	40.68	38.50	47.73	49.37	50.25	55.76	61.13	64.51	71.00	89.09	87.54	86.38	92.09	98.02	99.79	101.61
内蒙古	27.80	28.99	29.46	27.44	33.54	36.38	40.55	44.78	50.30	53.61	56.51	56.17	57.21	62.07	66.93	69.94	73.73	73.00
辽宁	76.04	78.94	80.00	72.37	86.87	89.18	96.51	102.10	108.98	113.08	119.29	128.39	126.81	133.92	142.43	141.41	145.77	148.47
吉林	31.17	31.85	31.87	29.40	35.26	36.47	39.05	43.67	45.92	47.48	49.46	54.98	55.03	58.78	60.27	60.57	63.00	62.97
黑龙江	37.55	37.68	38.13	34.88	39.98	40.97	44.97	49.34	52.44	55.15	59.85	61.67	60.52	59.25	60.31	59.42	62.42	63.34
上海	9.73	10.39	10.86	10.47	12.76	13.43	14.08	14.11	14.63	14.05	16.54	17.35	18.80	20.69	23.22	24.45	27.14	29.51
江苏	39.53	41.88	43.94	43.37	54.01	58.16	63.51	73.43	75.66	73.83	83.32	95.00	107.27	121.82	142.24	148.25	162.61	181.34
浙江	33.01	36.19	39.47	39.47	47.18	48.61	52.56	56.37	63.18	63.52	79.08	83.22	85.09	95.29	111.89	118.16	131.70	143.51
安徽	56.51	60.52	64.04	62.23	78.31	83.66	92.37	95.04	109.88	114.35	130.16	132.15	138.09	153.52	171.75	178.79	193.46	207.49
福建	15.10	15.60	16.12	15.70	17.54	17.87	19.88	21.06	22.58	21.60	28.71	35.93	38.54	43.63	59.42	63.68	70.62	77.92
江西	66.96	74.27	83.81	81.50	96.69	105.43	116.68	130.47	144.01	138.74	153.48	163.10	158.72	169.21	177.87	181.73	186.97	196.39
山东	55.49	58.44	59.76	54.97	66.65	70.57	80.44	85.65	94.61	98.37	108.58	117.74	128.24	137.90	154.87	165.84	175.88	188.26
河南	99.90	106.00	110.79	113.90	133.49	138.00	148.16	160.33	169.91	172.49	188.79	191.55	190.73	212.45	221.99	218.42	227.53	252.52
湖北	49.96	53.00	60.46	57.26	69.75	74.14	78.50	85.53	93.42	92.20	106.12	131.50	136.65	156.28	178.01	178.96	182.80	195.17
湖南	86.87	81.75	93.59	95.29	109.89	117.01	123.89	133.59	144.01	139.65	158.68	173.55	172.59	185.87	194.96	196.61	203.64	214.67
广东	54.38	62.82	61.79	59.93	69.04	73.57	78.13	87.22	94.66	91.91	102.93	113.96	116.24	127.90	151.43	168.51	178.88	195.66
广西	21.70	21.60	22.26	20.13	22.13	25.01	28.64	33.00	35.82	35.95	39.11	41.79	40.34	41.62	50.92	68.38	75.44	86.94
海南	0.02	0.02	0.02	0.02	0.04	0.20	0.15	0.17	0.28	0.32	0.39	3.87	4.01	4.55	5.05	5.44	7.48	8.63
重庆	8.24	8.06	7.49	6.93	7.58	8.18	9.15	15.41	19.01	19.59	20.00	23.10	23.08	24.87	29.26	30.07	32.74	40.04
四川	26.82	28.50	30.86	28.93	33.86	36.19	41.28	44.56	45.36	46.01	52.08	58.74	60.28	61.73	64.10	62.41	67.95	71.27
贵州	29.77	30.62	28.62	27.63	31.03	35.91	39.68	39.56	40.18	40.03	46.68	50.42	49.10	52.06	53.58	56.67	55.71	61.49
云南	8.89	9.46	9.24	9.50	13.14	15.09	17.10	18.71	19.16	19.21	22.85	25.34	25.61	28.27	30.23	32.88	32.74	37.76
西藏	0.00	0.00	0.00	0.00	0.00	0.00	0.49	1.14	0.89	1.17	1.34	1.48	1.46	1.62	1.75	2.00	2.28	2.57
陕西	46.00	49.29	53.09	53.19	65.40	71.43	75.48	81.77	89.74	87.68	92.82	103.76	104.65	107.86	118.95	118.88	118.81	120.56
甘肃	33.35	36.87	35.00	33.56	39.75	42.50	50.28	54.71	58.35	62.12	68.62	78.26	81.60	82.35	81.20	79.66	77.35	79.87
青海	1.64	1.90	2.29	2.32	2.63	2.66	3.54	5.50	4.78	5.67	6.34	7.07	7.19	7.81	8.01	10.59	11.02	12.36
宁夏	5.30	4.60	4.56	4.48	5.43	5.67	6.22	6.78	7.43	7.86	8.54	10.59	10.53	11.39	12.40	12.12	11.57	11.07
新疆	15.81	16.93	17.48	17.62	20.25	21.43	23.81	25.50	26.26	26.71	29.80	38.15	41.89	44.76	43.84	45.39	48.69	53.94

附表3 2000—2017年旅游交通（公路）碳排放估算

（单位：万吨）

地区	2000年	2001年	2002年	2003年	2004年	2005年	2006年	2007年	2008年	2009年	2010年	2011年	2012年	2013年	2014年	2015年	2016年	2017年
北京	9.04	9.08	10.35	11.88	27.11	10.19	13.57	25.27	41.30	45.88	49.82	52.05	52.24	23.32	23.70	22.30	20.17	17.04
天津	3.70	4.38	4.51	4.29	4.77	5.26	7.08	8.88	23.96	25.22	26.19	26.61	29.89	17.60	17.58	16.24	15.58	14.47
河北	91.69	100.67	109.09	89.67	105.40	109.71	116.67	128.80	79.70	83.84	99.97	118.01	130.69	67.03	65.66	60.68	55.20	54.24
山西	48.61	53.42	58.81	58.02	64.46	64.72	67.86	74.09	86.76	75.23	77.16	78.66	82.49	70.33	65.10	58.85	50.49	53.78
内蒙古	30.33	31.85	34.09	31.85	40.51	46.34	52.03	57.24	46.86	51.74	56.91	62.90	68.87	45.24	42.10	41.82	39.84	37.21
辽宁	29.38	30.71	31.95	30.16	35.83	38.62	43.48	48.44	59.37	64.35	71.46	73.47	78.52	66.62	69.04	57.55	56.38	54.93
吉林	14.50	15.01	15.90	15.93	16.99	17.52	18.92	21.24	40.20	43.15	50.89	54.09	57.91	31.85	32.71	33.57	31.85	30.77
黑龙江	38.89	39.72	40.22	36.88	40.94	46.12	50.88	56.92	38.73	41.14	44.10	49.67	53.82	39.18	41.93	41.63	36.28	32.11
上海	7.37	9.14	10.89	12.53	15.58	16.22	18.77	20.32	20.33	21.52	24.95	23.07	24.36	25.74	26.87	27.11	24.85	25.21
江苏	110.75	127.10	133.97	144.21	159.36	176.63	197.96	231.22	177.27	197.11	222.92	243.55	264.25	157.85	158.73	153.78	145.31	139.15
浙江	77.04	82.19	88.99	91.11	97.95	105.90	116.79	130.44	140.81	137.88	151.18	155.65	157.89	99.92	95.65	93.37	79.72	73.97
安徽	68.66	70.70	81.12	86.72	93.32	105.20	116.13	132.06	173.07	194.80	220.82	251.73	290.22	160.44	174.74	125.66	107.39	88.99
福建	54.11	41.70	43.43	42.22	46.97	50.82	54.97	61.55	55.42	59.06	56.84	59.04	60.42	54.21	54.91	43.82	41.31	37.35
江西	36.60	36.75	38.39	38.73	42.30	43.52	45.84	46.88	55.68	59.65	70.60	72.82	79.44	65.73	67.61	60.83	60.31	59.24
山东	63.47	70.97	78.10	78.04	93.31	105.79	117.99	141.33	205.20	234.94	237.74	246.65	257.06	102.11	100.36	92.50	92.70	94.40
河南	68.55	71.57	75.56	67.81	76.61	84.83	95.47	116.60	156.61	177.24	199.79	234.69	253.73	138.03	163.69	144.13	147.36	142.72
湖北	57.63	56.90	61.42	59.95	65.22	69.37	72.62	82.11	101.25	108.95	122.33	135.64	155.79	80.42	93.75	94.80	94.42	93.44
湖南	55.36	58.75	66.93	66.89	78.19	83.56	89.07	95.31	98.35	104.52	118.86	135.29	148.49	125.53	135.01	110.53	100.33	91.57
广东	120.88	148.37	175.57	174.21	188.07	196.04	213.89	248.80	225.06	259.27	306.23	367.31	435.64	212.07	287.44	182.53	190.44	199.21
广西	58.77	62.85	64.64	62.06	69.36	74.11	79.63	87.84	95.19	104.43	117.45	131.16	144.92	70.22	69.80	69.39	65.88	62.56
海南	8.17	8.84	10.42	10.79	11.81	12.30	13.69	14.43	17.12	19.13	21.24	20.72	20.90	12.03	12.61	11.23	10.67	10.97
重庆	26.63	28.75	30.34	29.34	35.38	35.56	33.26	41.15	43.89	47.16	54.93	63.99	73.65	52.15	55.18	58.91	52.70	45.31
四川	56.13	60.02	66.04	62.61	73.19	77.90	83.06	89.27	118.51	120.71	125.54	140.95	157.23	93.76	98.59	105.10	93.56	81.58
贵州	22.58	24.37	25.89	26.21	29.22	31.95	36.21	39.99	44.13	46.52	54.45	66.49	82.69	73.21	80.00	81.92	85.85	89.89
云南	35.73	48.57	43.84	40.25	47.41	48.64	51.69	55.46	56.96	63.06	73.47	88.59	98.11	67.42	66.99	68.90	66.77	64.32
西藏	0.46	0.59	0.64	0.61	1.65	2.06	2.08	2.12	2.70	2.43	2.55	2.52	2.59	3.47	3.66	2.71	2.65	2.98
陕西	30.39	33.32	34.35	35.07	39.09	41.56	44.67	49.15	60.10	67.94	77.26	93.14	98.30	65.02	68.21	59.00	58.51	58.18
甘肃	11.93	13.14	14.21	14.73	16.27	17.72	19.09	20.43	33.23	34.89	37.19	44.77	48.38	35.81	38.68	42.02	42.78	41.85
青海	2.03	2.19	2.25	2.43	2.59	2.76	2.93	3.14	4.75	5.09	5.61	6.22	6.65	4.51	5.20	4.99	5.31	5.56
宁夏	6.31	6.71	7.14	6.74	7.69	8.10	8.68	9.36	11.58	12.28	13.14	14.56	16.03	11.74	13.22	13.69	12.96	11.24
新疆	16.81	20.34	22.44	25.24	29.26	31.07	34.19	37.88	42.54	39.52	42.43	46.47	50.92	50.02	43.79	39.01	33.41	24.66

附表 4 2000—2017年旅游交通（水运）碳排放估算

（单位：万吨）

地区	2000年	2001年	2002年	2003年	2004年	2005年	2006年	2007年	2008年	2009年	2010年	2011年	2012年	2013年	2014年	2015年	2016年	2017年
北京	0.00	0.00	0.00	0.00	0.00	0.00	0.00	0.00	0.00	0.00	0.00	0.00	0.00	0.00	0.00	0.00	0.00	0.00
天津	0.02	0.00	0.03	0.00	0.02	0.00	0.03	0.00	0.01	0.01	0.02	0.03	0.02	0.01	0.01	0.01	0.03	0.01
河北	0.00	0.00	0.00	0.00	0.00	0.00	0.00	0.00	0.00	0.00	0.00	0.02	0.01	0.02	0.02	0.01	0.01	0.02
山西	0.00	0.00	0.00	0.00	0.00	0.00	0.00	0.00	0.00	0.00	0.00	0.00	0.00	0.00	0.00	0.00	0.00	0.00
内蒙古	0.75	0.60	0.61	0.51	0.59	0.59	0.65	0.59	0.55	0.50	0.45	0.50	0.53	0.46	0.46	0.42	0.42	0.43
辽宁	0.00	0.01	0.01	0.01	0.01	0.01	0.01	0.01	0.03	0.02	0.01	0.02	0.02	0.02	0.02	0.02	0.02	0.01
吉林	0.00	0.01	0.01	0.02	0.02	0.02	0.02	0.02	0.02	0.02	0.00	0.03	0.03	0.03	0.03	0.03	0.03	0.03
黑龙江	0.34	0.37	0.42	0.39	0.37	0.37	0.38	0.51	0.05	0.52	0.45	0.08	0.08	0.05	0.09	0.07	0.06	0.07
上海	0.10	0.08	0.05	0.04	0.02	0.01	0.01	0.02	0.05	0.09	0.10	0.11	0.10	0.28	0.22	0.19	0.17	0.23
江苏	0.58	0.51	0.44	0.38	0.49	0.50	0.44	0.45	0.49	0.49	0.40	0.42	0.41	0.34	0.37	0.38	0.38	0.42
浙江	0.14	0.08	0.06	0.03	0.04	0.03	0.05	0.07	0.03	0.02	0.02	0.03	0.02	0.02	0.03	0.03	0.03	0.03
安徽	0.09	0.07	0.06	0.07	0.08	0.09	0.09	0.11	0.11	0.12	0.13	0.15	0.17	0.18	0.18	0.18	0.17	0.18
福建	0.10	0.09	0.08	0.07	0.07	0.06	0.05	0.05	0.02	0.03	0.02	0.02	0.03	0.03	0.03	0.03	0.03	0.03
江西	0.25	0.37	0.36	0.39	0.42	0.45	0.50	0.62	0.46	0.75	0.89	0.90	0.94	0.83	0.89	0.88	0.90	0.91
山东	0.02	0.02	0.02	0.01	0.04	0.04	0.04	0.06	0.04	0.04	0.04	0.05	0.04	0.03	0.04	0.04	0.04	0.05
河南	0.93	0.75	0.21	0.28	0.25	0.31	0.38	0.39	0.17	0.19	0.21	0.19	0.22	0.24	0.22	0.25	0.25	0.30
湖北	0.24	0.22	0.21	0.16	0.16	0.13	0.09	0.08	0.05	0.07	0.11	0.18	0.18	0.19	0.19	0.21	0.22	0.23
湖南	0.63	0.61	0.60	0.54	0.60	0.60	0.82	0.74	0.51	0.48	0.56	0.65	0.68	0.57	0.72	0.71	0.70	0.73
广东	0.16	0.17	0.18	0.15	0.17	0.17	0.20	0.21	0.11	0.11	0.12	0.13	0.15	0.12	0.16	0.18	0.18	0.22
广西	0.14	0.14	0.12	0.10	0.10	0.09	0.12	0.13	0.13	0.13	0.15	0.17	0.17	0.12	0.18	0.19	0.19	0.21
海南	1.87	1.55	1.67	0.81	0.69	0.71	0.69	0.76	0.60	0.62	0.61	0.67	0.68	0.44	0.45	0.37	0.31	0.34
重庆	0.21	0.23	0.15	0.14	0.17	0.17	0.17	0.17	0.16	0.13	0.14	0.16	0.16	0.17	0.16	0.16	0.15	0.13
四川	0.08	0.08	0.08	0.09	0.12	0.13	0.14	0.14	0.26	0.30	0.34	0.38	0.44	0.34	0.39	0.41	0.43	0.50
贵州	0.06	0.07	0.06	0.07	0.07	0.08	0.09	0.10	0.12	0.12	0.14	0.16	0.16	0.18	0.19	0.20	0.22	0.23
云南	0.00	0.00	0.00	0.00	0.00	0.00	0.00	0.00	0.00	0.00	0.00	0.00	0.00	0.00	0.00	0.00	0.00	0.00
西藏	0.03	0.03	0.04	0.04	0.05	0.04	0.05	0.05	0.02	0.03	0.03	0.04	0.04	0.05	0.05	0.05	0.05	0.05
陕西	0.01	0.01	0.01	0.01	0.01	0.01	0.01	0.01	0.01	0.01	0.00	0.01	0.01	0.01	0.01	0.01	0.01	0.01
甘肃	0.00	0.00	0.00	0.00	0.00	0.00	0.00	0.00	0.00	0.00	0.00	0.01	0.01	0.01	0.01	0.01	0.01	0.01
青海	0.00	0.00	0.00	0.00	0.00	0.00	0.00	0.00	0.00	0.00	0.00	0.01	0.01	0.01	0.01	0.01	0.01	0.01
宁夏	0.00	0.00	0.00	0.00	0.00	0.00	0.00	0.00	0.00	0.00	0.00	0.00	0.00	0.00	0.00	0.00	0.00	0.00
新疆	0.00	0.00	0.00	0.00	0.00	0.00	0.00	0.00	0.00	0.00	0.00	0.00	0.00	0.00	0.00	0.00	0.00	0.00

附表 5 2000—2017 年各地区旅游交通总碳排放量

(单位：万吨)

地区	2000年	2001年	2002年	2003年	2004年	2005年	2006年	2007年	2008年	2009年	2010年	2011年	2012年	2013年	2014年	2015年	2016年	2017年
北京	200.54	225.35	267.13	259.47	512.75	538.81	619.77	689.79	695.62	767.36	972.72	1072.46	1126.39	1160.42	1239.71	1365.80	1500.22	1660.11
天津	31.84	32.54	35.39	38.24	48.66	53.66	63.48	72.50	88.66	99.22	112.91	126.54	193.59	207.76	230.57	255.32	289.26	333.83
河北	205.94	238.45	230.70	201.85	245.56	258.91	281.35	386.40	273.97	290.42	337.92	386.43	408.57	373.00	413.51	402.68	436.77	489.52
山西	98.40	118.43	128.64	128.49	188.34	202.28	222.43	257.56	307.17	300.96	346.95	418.06	454.24	446.91	458.29	495.60	548.86	664.28
内蒙古	79.72	87.59	90.02	86.32	115.79	133.16	144.63	153.69	132.96	138.77	190.71	217.42	255.46	259.51	272.78	305.05	336.73	388.63
辽宁	153.77	168.08	172.88	167.20	208.03	198.49	225.67	244.59	260.73	273.11	295.29	307.40	323.16	327.59	394.25	386.77	402.70	420.91
吉林	55.19	57.56	62.86	62.00	71.15	74.93	75.37	92.46	113.48	119.61	135.37	144.63	148.46	131.43	140.36	146.55	149.25	151.88
黑龙江	89.02	90.44	92.72	106.64	125.91	133.20	155.48	180.91	175.73	207.40	228.67	247.67	286.29	299.19	339.08	366.89	414.71	467.19
上海	215.70	246.53	289.88	308.09	565.37	632.86	709.02	858.78	840.05	987.96	1207.07	1320.17	1215.14	1351.21	1420.55	1679.30	1953.46	2200.24
江苏	164.41	186.46	198.06	207.55	239.38	262.40	296.66	348.13	297.32	322.21	358.75	407.47	452.75	371.19	404.06	414.03	440.96	475.33
浙江	148.03	158.89	179.24	183.74	220.57	242.57	276.52	329.78	358.99	379.40	435.45	462.75	478.08	468.78	520.86	564.35	614.68	686.04
安徽	142.46	150.82	162.10	165.17	196.20	216.04	236.60	258.69	312.95	342.81	378.60	412.78	463.10	350.54	385.03	350.03	353.71	347.73
福建	101.34	94.36	101.87	102.98	122.89	135.86	151.47	176.45	175.24	193.57	224.24	256.52	283.52	304.96	353.33	397.83	448.80	527.09
江西	113.27	120.20	132.61	129.42	151.75	164.29	179.41	195.81	217.43	217.45	243.21	259.52	264.44	356.09	412.75	425.61	447.94	527.24
山东	151.78	166.52	181.09	178.18	222.61	256.26	293.60	340.62	419.78	474.02	517.73	559.06	588.81	473.95	515.28	556.39	631.30	680.28
河南	176.64	186.11	196.03	192.44	235.62	250.02	277.60	318.21	368.14	404.64	438.87	512.14	545.30	464.44	523.84	519.38	568.08	621.29
湖北	134.24	137.92	152.44	151.47	179.58	196.60	211.48	246.58	274.37	266.73	328.63	371.27	400.01	347.27	393.20	404.11	413.30	436.90
湖南	149.83	149.63	170.33	174.25	211.68	229.73	248.12	273.47	285.65	300.73	343.33	381.81	400.72	400.32	429.44	427.16	453.33	468.54
广东	345.57	413.46	477.45	458.49	573.39	816.06	911.04	1087.74	1099.45	1239.63	1455.98	1631.83	1814.75	1718.83	1961.06	2013.41	2169.83	2350.52
广西	126.00	132.21	140.33	126.75	148.44	169.05	194.18	227.64	239.52	279.24	316.14	358.60	383.05	332.86	377.26	414.90	453.63	525.79
海南	54.79	63.64	68.48	63.72	85.09	89.22	133.33	151.35	219.35	198.94	213.52	244.91	266.91	302.11	343.27	374.50	475.34	539.07
重庆	49.02	51.64	54.52	50.81	62.99	68.39	69.67	93.58	114.01	129.71	151.70	205.82	229.90	233.76	266.94	301.69	332.54	393.53
四川	155.71	167.01	189.98	176.47	223.66	255.29	293.26	336.19	356.45	413.86	347.98	526.09	568.38	598.33	674.81	752.19	800.79	850.81
贵州	72.68	77.45	80.64	82.71	100.72	113.94	131.77	144.17	151.49	172.30	198.58	236.73	273.78	307.13	365.69	402.46	466.71	579.71
云南	82.30	100.30	96.73	92.90	117.51	125.11	140.94	166.43	153.16	170.77	193.23	214.45	239.11	232.17	257.17	270.89	264.87	269.33
西藏	2.20	2.38	2.49	2.49	3.88	4.62	6.26	8.60	8.24	8.95	11.04	12.05	13.01	15.32	17.37	21.83	29.02	41.17
陕西	125.32	133.60	141.24	122.68	174.55	202.55	215.84	223.24	241.81	242.00	279.57	323.35	314.67	292.69	355.17	335.45	314.86	333.60
甘肃	54.78	58.68	57.78	57.74	68.41	69.46	79.45	87.67	102.34	110.21	118.24	135.98	144.96	133.66	135.08	140.56	139.75	142.40
青海	4.57	5.15	5.80	6.10	7.14	7.68	9.56	12.33	13.56	16.65	19.17	22.09	25.57	26.65	30.45	33.93	36.81	42.55
宁夏	13.41	12.96	13.40	13.44	17.11	18.74	21.04	24.49	29.11	34.21	40.58	46.61	51.24	50.86	59.90	66.10	70.04	84.16
新疆	62.94	66.05	71.88	76.20	92.64	102.24	112.86	126.10	134.92	135.89	151.02	169.52	202.08	213.20	206.24	207.90	201.95	236.10

附表6 2000—2017年各地区旅游住宿总碳排放量

(单位：万吨)

地区	2000年	2001年	2002年	2003年	2004年	2005年	2006年	2007年	2008年	2009年	2010年	2011年	2012年	2013年	2014年	2015年	2016年	2017年
北京	33.84	46.45	39.75	37.13	46.18	48.43	50.01	52.49	47.68	45.33	48.68	46.40	48.64	46.24	38.30	41.46	40.85	35.20
天津	4.63	4.34	8.67	4.09	4.94	6.77	7.01	7.17	6.41	6.19	6.30	6.26	6.50	6.27	6.43	5.79	6.39	6.21
河北	7.52	7.15	17.49	17.11	18.77	21.05	24.41	27.50	27.31	33.53	13.12	25.72	24.89	24.55	21.24	20.90	20.79	21.02
山西	7.52	14.22	17.09	18.09	22.05	27.56	28.19	30.32	31.58	33.13	24.35	29.98	28.53	27.29	22.55	15.80	16.84	18.16
内蒙古	5.07	6.32	6.28	6.00	10.39	11.22	12.37	12.71	13.23	14.65	14.10	14.03	13.25	14.06	13.72	13.79	10.93	13.35
辽宁	38.17	12.35	13.87	15.12	25.75	26.10	26.63	27.41	29.31	27.86	21.58	22.18	24.57	21.39	17.96	23.56	16.87	19.50
吉林	9.68	5.94	5.78	7.12	7.56	7.62	9.20	9.62	10.86	9.78	8.58	10.00	7.70	6.85	6.58	10.56	5.73	6.05
黑龙江	6.78	4.65	8.58	7.72	9.50	10.45	11.44	11.15	12.06	13.05	9.05	14.64	8.96	8.28	7.09	7.07	7.13	6.56
上海	31.54	30.00	32.79	29.52	38.46	33.53	30.40	29.71	26.76	23.97	31.81	25.18	26.80	27.95	27.21	28.21	28.91	29.94
江苏	23.48	23.90	26.70	29.28	56.48	57.25	62.36	64.66	41.53	43.73	40.15	39.39	39.08	38.73	35.42	3.40	32.51	22.42
浙江	28.26	28.03	32.39	34.42	44.44	46.41	48.69	56.06	58.87	56.88	43.32	45.21	62.57	41.34	40.74	41.56	36.71	38.36
安徽	12.08	11.16	15.15	14.61	22.07	19.16	19.70	22.90	27.20	27.24	23.53	23.12	23.02	21.24	20.68	19.38	19.18	19.74
福建	10.56	15.43	11.50	10.92	14.32	15.39	17.94	19.96	19.53	22.86	19.35	20.15	20.17	21.08	20.35	18.88	18.37	18.08
江西	6.09	6.01	9.84	8.97	14.27	15.37	18.52	19.63	21.56	23.70	17.91	20.10	19.41	20.92	18.89	17.90	16.70	16.63
山东	23.66	15.38	20.94	25.41	21.27	34.62	46.19	50.70	52.21	53.01	51.06	52.85	47.04	42.08	39.07	39.06	38.90	36.57
河南	8.60	11.05	19.08	18.23	31.76	37.98	37.51	39.94	42.35	41.47	24.55	20.43	19.95	20.14	14.81	15.22	22.61	22.14
湖北	12.99	18.95	17.11	18.92	20.89	22.90	24.00	25.22	25.31	26.78	21.83	19.12	18.24	17.87	22.06	18.69	19.75	21.63
湖南	6.78	10.50	11.65	10.97	23.00	28.35	28.87	30.61	31.48	34.43	26.08	28.76	29.27	25.54	23.63	23.04	22.38	21.03
广东	80.33	30.45	40.43	38.16	58.65	65.89	63.33	63.80	49.79	51.43	57.74	54.29	52.97	55.53	47.86	42.69	49.94	45.04
广西	14.82	12.82	13.90	13.77	15.21	17.51	19.21	18.81	20.01	23.49	20.24	17.49	17.78	19.64	19.47	18.39	22.16	18.12
海南	13.83	6.42	9.37	9.77	10.41	11.23	12.29	12.77	15.14	14.28	10.85	10.11	10.19	8.85	8.06	7.83	8.44	8.84
重庆	4.57	2.92	4.62	6.57	7.92	8.36	9.18	9.99	9.81	11.53	10.91	10.81	15.37	10.34	10.45	9.61	9.91	9.09
四川	12.87	8.63	11.43	14.33	19.40	20.98	21.78	22.83	17.13	18.60	19.37	20.70	19.16	21.12	17.76	18.25	14.63	16.16
贵州	3.31	3.22	4.58	5.43	8.67	9.66	10.54	11.29	11.83	12.43	12.18	11.97	12.15	12.10	11.38	12.25	13.10	12.23
云南	14.64	13.15	16.92	18.88	22.80	30.11	42.71	46.43	37.25	36.93	25.54	26.89	23.55	32.85	45.25	31.17	28.30	33.44
西藏	0.26	0.30	0.72	0.78	1.06	0.98	0.99	1.31	0.71	1.60	2.01	1.87	2.85	2.60	2.62	1.30	1.83	1.77
陕西	4.74	6.57	10.37	12.62	13.70	14.52	15.15	19.47	23.57	25.91	18.78	21.77	19.15	20.78	18.97	30.01	17.40	22.23
甘肃	3.98	4.23	6.20	7.30	6.86	8.30	10.70	10.99	9.38	11.78	12.09	11.41	11.68	11.84	11.14	10.17	11.78	10.71
青海	0.81	0.64	0.92	0.89	1.39	1.68	1.93	2.25	2.23	2.38	2.18	2.50	1.90	2.34	2.59	2.65	1.71	2.91
宁夏	1.84	1.55	1.51	1.56	2.67	2.52	2.79	3.21	3.05	2.97	2.86	3.31	3.72	3.32	3.14	3.08	3.66	3.89
新疆	8.36	7.23	7.25	8.59	12.25	12.57	15.14	16.61	14.84	19.42	18.78	19.69	19.03	15.53	13.23	13.81	13.85	12.29

附表7 2000—2017年各地区游憩活动总碳排放量

(单位：万吨)

地区	2000年	2001年	2002年	2003年	2004年	2005年	2006年	2007年	2008年	2009年	2010年	2011年	2012年	2013年	2014年	2015年	2016年	2017年
北京	17.14	20.99	22.19	18.88	28.73	29.54	33.53	38.70	40.11	41.82	41.49	40.40	44.22	43.03	60.31	63.70	56.62	58.02
天津	6.80	7.32	8.33	9.32	10.40	11.91	12.86	12.60	16.88	18.91	19.75	22.24	25.87	27.25	37.50	44.63	40.55	42.26
河北	5.05	5.58	6.70	4.81	8.46	9.25	11.41	10.66	13.65	16.37	19.19	21.58	26.98	32.33	49.55	65.33	72.50	90.04
山西	3.43	4.02	5.02	3.95	6.95	10.74	14.31	20.81	28.99	32.54	35.80	37.37	48.19	58.78	87.43	103.66	104.60	124.20
内蒙古	1.00	1.48	2.13	2.52	4.12	5.80	6.38	9.40	10.99	14.02	14.65	17.88	21.67	31.95	39.73	48.85	48.06	57.42
辽宁	6.14	7.15	9.25	11.83	13.95	15.95	20.16	26.98	35.37	40.32	46.77	46.97	52.98	59.87	82.79	58.22	52.64	55.68
吉林	1.27	1.79	2.47	3.72	4.35	5.34	6.52	6.97	8.91	9.57	12.60	13.67	16.56	19.87	29.72	36.41	37.37	42.61
黑龙江	2.79	3.46	4.38	5.43	5.74	6.47	7.20	8.54	11.06	12.62	13.86	14.31	16.67	17.83	16.33	20.58	19.84	22.25
上海	19.15	18.98	21.84	30.01	28.85	31.31	35.99	32.41	37.17	43.49	49.96	47.58	56.31	50.32	59.47	59.25	52.95	58.78
江苏	12.35	13.47	15.70	19.30	23.78	31.31	39.26	41.36	62.87	69.42	70.16	79.34	88.40	95.44	128.62	139.60	129.67	137.73
浙江	8.31	9.75	11.06	13.33	18.41	21.30	25.57	31.99	36.59	41.14	45.43	50.47	59.55	65.84	89.40	98.87	95.47	102.99
安徽	3.72	4.11	4.72	4.89	5.64	6.91	7.95	11.80	17.42	20.07	23.07	32.18	42.30	46.75	63.33	74.27	72.88	86.38
福建	4.90	5.38	6.79	7.20	8.79	10.65	13.00	14.86	15.28	16.18	17.71	19.01	21.94	25.43	35.65	39.74	41.66	50.68
江西	3.10	3.53	4.14	5.28	5.44	7.51	6.87	9.99	12.04	14.85	15.16	18.47	17.58	29.02	48.45	65.03	73.34	89.56
山东	8.02	9.11	12.64	15.08	15.65	19.73	24.06	28.51	32.51	37.48	38.39	55.91	65.29	75.40	103.53	115.14	107.16	115.44
河南	6.94	7.11	8.85	7.34	12.35	16.39	18.19	20.56	25.94	26.85	39.19	42.66	48.86	53.94	72.79	82.12	77.00	84.80
湖北	7.22	8.57	8.88	9.47	10.19	10.62	12.50	13.08	15.27	19.62	25.32	29.88	40.98	44.20	61.90	69.37	64.09	68.23
湖南	2.98	4.08	4.34	5.20	6.94	9.48	11.00	13.74	15.32	17.96	21.84	24.02	28.87	33.29	45.21	53.95	56.04	80.40
广东	16.69	17.54	20.38	22.49	25.68	29.66	33.58	37.24	44.32	48.87	56.58	61.13	91.30	98.23	129.58	143.79	131.98	127.58
广西	5.60	5.71	6.77	6.30	8.06	9.03	9.43	12.86	14.17	11.80	14.61	15.38	20.17	24.43	37.05	45.26	47.86	60.10
海南	0.86	0.92	1.24	1.37	1.36	1.64	1.72	2.09	2.50	2.63	2.81	3.22	3.93	4.27	6.07	6.72	6.41	7.20
重庆	2.75	3.13	5.61	4.54	4.98	7.22	6.79	10.45	10.14	12.21	14.24	15.30	18.84	19.59	26.35	29.23	28.39	33.19
四川	6.78	7.79	7.36	13.18	15.24	15.07	25.92	25.84	22.11	27.37	36.38	29.43	38.36	42.58	65.55	81.32	82.47	90.04
贵州	1.61	1.99	3.15	3.29	4.71	7.88	9.55	12.85	13.94	16.12	19.25	21.81	27.07	45.57	48.00	57.04	67.14	89.50
云南	6.22	7.29	6.36	9.40	10.14	11.06	12.58	14.78	17.67	18.59	20.99	20.26	25.46	30.25	45.73	55.40	66.00	91.54
西藏	0.05	0.06	0.09	0.12	0.19	0.33	0.43	0.64	0.28	0.68	0.79	0.80	1.04	1.30	1.91	2.57	2.50	1.97
陕西	2.97	3.17	3.82	3.87	6.54	7.30	8.54	9.67	12.96	16.21	19.55	20.38	25.19	30.33	42.48	49.60	51.81	61.44
甘肃	0.41	0.44	0.55	0.43	0.93	1.34	1.52	2.06	2.53	3.13	4.42	4.40	5.98	7.54	11.35	13.89	14.22	17.33
青海	0.14	0.17	0.20	0.19	0.28	0.50	0.63	0.72	0.73	0.80	0.71	0.81	1.03	1.27	1.94	2.33	2.38	2.76
宁夏	0.24	0.27	0.29	0.26	0.36	0.46	0.71	0.70	0.90	1.11	1.28	1.33	1.56	1.80	2.46	2.72	2.90	3.62
新疆	1.29	1.41	1.67	1.98	2.20	2.66	2.35	3.78	3.82	3.14	4.41	4.49	6.58	7.39	8.51	13.20	14.91	18.17

附表8 "自下而上"法下2000—2017年旅游业总碳排放量

(单位：万吨)

地区	2000年	2001年	2002年	2003年	2004年	2005年	2006年	2007年	2008年	2009年	2010年	2011年	2012年	2013年	2014年	2015年	2016年	2017年
北京	251.52	292.79	329.07	315.47	587.67	616.79	703.31	780.98	783.41	854.50	1062.88	1159.27	1219.25	1249.69	1338.32	1470.95	1597.69	1753.33
天津	43.27	44.21	52.38	51.65	64.00	72.33	83.34	92.27	111.96	124.32	138.95	155.05	225.96	241.27	274.49	305.74	336.20	382.29
河北	218.51	251.17	254.89	223.78	272.78	289.21	317.18	424.57	314.93	340.32	370.23	433.72	460.45	429.87	484.30	488.91	530.06	600.58
山西	109.34	136.66	150.75	150.53	217.34	240.58	264.94	308.69	367.74	366.64	407.11	485.41	530.96	532.98	568.27	615.06	670.30	806.65
内蒙古	85.79	95.39	98.43	94.84	130.30	150.18	163.38	175.80	157.18	167.44	219.47	249.33	290.38	305.52	326.23	367.70	395.73	459.40
辽宁	198.07	187.57	196.00	194.15	247.74	240.54	272.47	298.98	325.41	341.29	363.65	376.55	400.71	408.86	495.00	468.55	472.21	496.09
吉林	66.14	65.29	71.11	72.84	83.05	87.89	91.09	109.05	133.24	138.95	156.56	168.29	172.72	158.15	176.66	193.52	192.35	200.53
黑龙江	98.58	98.55	105.67	119.79	141.15	150.12	174.11	200.59	198.84	233.07	251.58	276.62	311.92	325.30	362.51	394.54	441.68	495.99
上海	266.39	295.51	344.52	367.61	632.69	697.70	775.41	920.89	903.98	1055.42	1288.85	1392.92	1298.26	1429.48	1507.22	1766.76	2035.32	2288.97
江苏	200.24	223.83	240.45	256.13	319.64	350.96	398.28	454.14	401.73	435.36	469.06	526.19	580.23	505.35	568.11	557.03	603.15	635.48
浙江	184.60	196.67	222.69	231.49	283.42	310.28	350.78	417.83	454.45	477.41	524.19	558.43	600.20	575.95	650.99	704.79	746.86	827.39
安徽	158.26	166.09	181.97	184.67	223.91	242.10	264.25	293.39	357.58	390.12	425.21	468.09	528.42	418.53	469.04	443.68	445.77	453.85
福建	116.79	115.18	120.16	121.10	146.00	161.90	182.41	211.27	210.06	232.61	261.30	295.69	325.63	351.47	409.33	456.45	508.83	595.85
江西	122.45	129.75	146.59	143.68	171.46	187.17	204.81	225.43	251.03	256.00	276.28	298.09	301.44	406.02	480.10	508.54	537.97	633.43
山东	183.46	191.01	214.67	218.67	259.54	310.61	363.85	419.83	504.50	564.52	607.18	667.83	701.14	591.43	657.89	710.59	777.36	832.30
河南	192.18	204.27	223.95	218.01	279.73	304.40	333.29	378.71	436.44	472.99	502.61	575.23	614.12	538.52	611.45	616.72	667.70	728.23
湖北	154.45	165.43	178.43	179.87	210.66	230.13	247.97	284.87	314.95	313.13	375.78	420.27	459.24	409.35	477.16	492.17	497.14	526.76
湖南	159.60	164.21	186.31	190.42	241.62	267.56	287.99	317.82	332.45	353.12	391.25	434.59	458.85	459.15	498.28	504.14	531.75	569.97
广东	442.59	461.45	538.25	519.14	657.72	911.61	1007.94	1188.78	1193.55	1339.93	1570.30	1747.25	1959.02	1872.59	2138.50	2199.89	2351.76	2523.14
广西	146.42	150.74	161.00	146.83	171.71	195.59	222.82	259.32	273.70	314.53	350.99	391.46	421.00	376.94	433.78	478.55	523.65	604.01
海南	69.48	70.97	79.10	74.85	96.87	102.09	147.33	166.21	237.00	215.85	227.18	258.23	281.03	315.24	357.39	389.05	490.20	555.12
重庆	56.34	57.69	64.75	61.91	75.90	83.97	85.63	114.02	133.96	153.44	176.86	231.93	264.10	263.69	303.74	340.52	370.85	435.81
四川	175.35	183.43	208.78	203.98	258.30	291.33	340.96	384.86	395.69	459.84	403.73	576.23	625.90	662.04	758.12	851.75	897.89	957.01
贵州	77.60	82.66	88.37	91.43	114.10	131.48	151.85	168.30	177.27	200.84	230.00	270.52	313.00	364.81	425.07	471.74	546.95	681.45
云南	103.16	120.73	120.00	121.19	150.45	166.29	196.24	227.64	208.08	226.30	239.76	261.61	288.12	295.27	348.15	357.46	359.17	394.31
西藏	2.52	2.75	3.30	3.40	5.12	5.93	7.67	10.54	9.23	11.22	13.83	14.71	16.90	19.21	21.91	25.71	33.35	44.91
陕西	133.03	143.34	155.43	139.17	194.80	224.36	239.53	252.38	278.34	284.12	317.90	365.50	359.01	343.79	416.62	415.07	384.07	417.27
甘肃	59.17	63.34	64.53	65.48	76.20	79.11	91.67	100.72	114.24	125.12	134.75	151.78	162.63	153.03	157.56	164.63	165.76	170.44
青海	5.52	5.96	6.91	7.18	8.82	9.86	12.12	15.30	16.52	19.83	22.05	25.40	28.49	30.26	34.98	38.91	40.89	48.23
宁夏	15.50	14.78	15.20	15.26	20.14	21.73	24.54	28.40	33.07	38.30	44.72	51.26	56.52	55.97	65.51	71.89	76.60	91.67
新疆	72.59	74.69	80.80	86.78	107.09	117.48	130.34	146.50	153.58	158.46	174.21	193.71	227.68	236.12	227.98	234.91	230.71	266.57

附表 9 旅游增加值剥离系数法下的 2000—2017 年旅游住宿总碳排放量

(单位：万吨)

地区	2000年	2001年	2002年	2003年	2004年	2005年	2006年	2007年	2008年	2009年	2010年	2011年	2012年	2013年	2014年	2015年	2016年	2017年
北京	341.73	389.70	393.24	281.88	468.25	602.17	677.84	933.49	1004.82	869.02	914.52	1019.30	1101.58	1269.93	1191.36	1202.67	1204.17	1205.21
天津	321.79	310.88	257.79	240.89	249.04	280.06	271.15	278.31	243.45	267.55	286.52	276.51	320.98	321.61	320.05	383.71	430.57	470.69
河北	164.90	142.86	131.04	78.51	113.59	124.51	102.81	95.13	104.93	116.99	163.53	175.88	224.05	301.19	332.31	499.29	683.98	756.82
山西	37.53	42.87	46.65	36.86	68.55	104.62	138.51	151.08	331.65	460.69	490.54	534.55	644.83	726.62	716.48	799.92	925.72	1037.14
内蒙古	15.42	19.71	22.88	20.18	79.67	154.76	211.95	274.43	305.20	463.54	811.76	719.64	1017.52	739.60	825.73	577.37	663.31	740.35
辽宁	84.13	131.11	156.40	123.51	183.33	302.19	395.51	485.83	607.44	708.64	944.94	1101.18	1227.96	1394.36	1404.81	947.93	1038.71	1110.06
吉林	33.33	47.03	68.06	57.80	87.89	139.35	135.22	161.57	157.49	185.28	346.66	213.29	228.65	360.40	406.10	577.37	712.38	780.41
黑龙江	68.28	95.81	101.07	111.77	123.75	153.61	190.33	239.93	280.26	348.53	551.48	846.35	1000.99	1051.33	670.08	1025.55	1046.42	1193.27
上海	241.46	265.18	354.67	380.71	554.86	581.91	644.48	895.80	827.33	711.64	893.61	853.21	937.54	818.64	663.85	650.33	694.88	793.54
江苏	62.95	87.42	118.50	124.60	130.51	133.01	155.23	173.67	202.90	218.44	284.37	302.19	364.21	416.24	385.16	409.22	428.86	481.94
浙江	103.21	120.99	127.41	138.57	155.87	222.65	271.59	317.65	342.46	386.62	470.21	527.26	592.79	714.86	691.43	749.23	768.63	794.14
安徽	22.62	25.22	29.67	25.37	37.07	41.70	46.25	61.06	72.69	82.03	111.34	182.31	311.18	447.50	429.32	485.98	549.64	656.39
福建	84.55	94.27	116.64	104.77	167.37	146.50	154.14	175.06	178.94	162.20	195.25	216.75	228.28	243.35	233.26	252.56	305.54	354.10
江西	42.96	49.46	85.17	101.20	57.10	70.03	81.67	75.06	75.17	81.62	119.50	143.40	158.27	249.41	293.04	400.08	503.07	644.29
山东	45.81	77.09	61.73	97.51	120.22	274.07	344.18	378.29	514.73	623.37	742.56	804.28	980.26	586.90	532.39	588.63	631.10	766.68
河南	121.63	113.99	112.34	69.77	141.71	181.12	190.99	195.88	207.22	230.82	261.61	393.74	467.23	477.53	535.81	627.33	648.69	710.96
湖北	79.29	94.51	84.87	117.64	108.59	135.49	149.25	185.82	244.65	309.83	419.23	515.01	574.33	714.12	648.01	724.18	799.14	813.47
湖南	30.17	34.60	43.39	53.68	55.83	128.42	146.44	173.04	205.36	237.71	329.60	443.96	577.67	647.66	632.79	733.33	843.30	1167.14
广东	324.71	338.11	363.78	320.41	400.37	523.31	493.04	569.25	564.00	581.99	684.37	831.54	946.01	1110.34	1110.40	1225.40	1420.94	1476.95
广西	39.09	50.20	61.65	50.65	65.82	84.92	100.10	113.31	122.30	149.60	208.95	245.42	303.89	251.37	302.42	386.13	462.48	522.25
海南	52.02	55.57	0.00	41.07	48.12	43.99	56.10	81.08	129.21	95.96	98.63	93.25	100.81	94.59	306.37	205.15	109.53	136.52
重庆	21.92	32.47	31.97	28.77	67.42	60.90	73.77	93.85	86.24	95.63	124.91	148.39	214.18	366.41	94.59	368.41	417.10	405.44
四川	114.02	136.75	153.89	178.48	1217.91	19480.61	287.84	422.64	315.87	376.87	458.17	531.40	669.24	562.27	654.27	787.48	1045.03	1149.06
贵州	175.91	192.95	232.71	205.18	227.43	290.19	328.31	380.94	569.25	642.95	801.96	864.41	1039.42	1712.58	1807.95	2298.48	3036.09	4115.18
云南	95.14	138.28	138.92	144.05	91.90	148.54	157.18	161.40	166.80	179.90	244.47	261.01	338.62	378.31	438.34	533.08	687.58	836.57
西藏	0.00	0.00	0.00	0.00	0.00	0.00	0.00	0.00	0.00	0.00	0.00	0.00	0.00	0.00	0.00	0.00	0.00	0.00
陕西	64.23	56.92	60.55	95.20	147.11	209.10	121.36	211.90	266.02	317.66	416.04	487.74	520.05	499.69	470.75	484.27	567.39	691.52
甘肃	21.20	24.24	22.66	17.38	24.71	25.75	104.95	36.35	39.67	54.31	69.69	78.20	94.91	149.28	156.56	204.70	271.68	336.26
青海	6.62	13.52	19.15	16.69	21.53	29.81	38.41	28.87	18.38	23.78	29.80	31.67	31.52	40.27	42.06	73.00	58.51	79.98
宁夏	0.00	0.00	3.03	17.09	6.74	8.87	17.24	9.44	11.73	13.83	31.67	12.39	14.44	14.41	13.00	14.72	18.55	102.48
新疆	81.20	90.66	97.98	97.08	146.53	102.31	15.30	99.63	96.06	75.69	116.73	139.60	146.23	202.41	238.68	286.76	446.89	502.91

附表10 "自下而上"法下的2000—2017年旅游生态效率值

(单位：kgCO$_2$-e/Y)

地区	2000年	2001年	2002年	2003年	2004年	2005年	2006年	2007年	2008年	2009年	2010年	2011年	2012年	2013年	2014年	2015年	2016年	2017年
北京	0.0276	0.0259	0.0277	0.0365	0.0418	0.0386	0.0390	0.0372	0.0353	0.0350	0.0384	0.0361	0.0336	0.0341	0.0313	0.0319	0.0318	0.0321
天津	0.0137	0.0123	0.0125	0.0122	0.0123	0.0122	0.0128	0.0124	0.0127	0.0121	0.0116	0.0105	0.0125	0.0121	0.0119	0.0109	0.0108	0.0111
河北	0.1029	0.1018	0.0914	0.1090	0.0779	0.0660	0.0623	0.0732	0.0568	0.0480	0.0405	0.0355	0.0288	0.0215	0.0189	0.0142	0.0114	0.0098
山西	0.1344	0.1361	0.1192	0.1484	0.1088	0.0826	0.0619	0.0532	0.0495	0.0411	0.0376	0.0362	0.0293	0.0231	0.0200	0.0178	0.0158	0.0150
内蒙古	0.2009	0.1521	0.1195	0.1001	0.0898	0.0720	0.0583	0.0448	0.0335	0.0274	0.0300	0.0280	0.0257	0.0177	0.0181	0.0163	0.0146	0.0133
辽宁	0.0776	0.0600	0.0442	0.0436	0.0435	0.0327	0.0281	0.0229	0.0187	0.0153	0.0135	0.0113	0.0102	0.0088	0.0094	0.0122	0.0112	0.0105
吉林	0.1166	0.0780	0.0616	0.0514	0.0452	0.0384	0.0331	0.0311	0.0296	0.0239	0.0216	0.0181	0.0146	0.0107	0.0096	0.0084	0.0066	0.0057
黑龙江	0.0721	0.0552	0.0519	0.0539	0.0565	0.0536	0.0496	0.0467	0.0354	0.0359	0.0285	0.0268	0.0250	0.0235	0.0340	0.0290	0.0275	0.0260
上海	0.0293	0.0309	0.0291	0.0294	0.0430	0.0435	0.0447	0.0467	0.0459	0.0471	0.0422	0.0464	0.0356	0.0420	0.0441	0.0505	0.0533	0.0510
江苏	0.0309	0.0301	0.0262	0.0240	0.0223	0.0194	0.0178	0.0164	0.0125	0.0115	0.0100	0.0094	0.0089	0.0070	0.0070	0.0062	0.0059	0.0055
浙江	0.0391	0.0335	0.0313	0.0302	0.0253	0.0225	0.0208	0.0206	0.0202	0.0181	0.0158	0.0143	0.0125	0.0104	0.0103	0.0099	0.0092	0.0089
安徽	0.0990	0.0892	0.0842	0.0940	0.0843	0.0783	0.0642	0.0509	0.0485	0.0429	0.0369	0.0246	0.0202	0.0139	0.0137	0.0108	0.0090	0.0073
福建	0.0383	0.0333	0.0283	0.0313	0.0265	0.0236	0.0225	0.0211	0.0206	0.0205	0.0195	0.0185	0.0170	0.0154	0.0151	0.0145	0.0129	0.0117
江西	0.0909	0.0804	0.0767	0.0728	0.0712	0.0585	0.0524	0.0486	0.0449	0.0379	0.0338	0.0270	0.0273	0.0214	0.0181	0.0140	0.0108	0.0098
山东	0.0445	0.0386	0.0352	0.0381	0.0319	0.0299	0.0281	0.0254	0.0252	0.0230	0.0199	0.0180	0.0155	0.0109	0.0106	0.0101	0.0097	0.0090
河南	0.0538	0.0530	0.0508	0.0628	0.0442	0.0380	0.0321	0.0280	0.0274	0.0238	0.0219	0.0205	0.0183	0.0139	0.0140	0.0122	0.0116	0.0108
湖北	0.0547	0.0468	0.0438	0.0525	0.0514	0.0486	0.0459	0.0445	0.0423	0.0312	0.0257	0.0212	0.0161	0.0128	0.0127	0.0114	0.0102	0.0096
湖南	0.1076	0.0780	0.0758	0.0648	0.0650	0.0591	0.0490	0.0435	0.0390	0.0321	0.0274	0.0244	0.0205	0.0171	0.0164	0.0136	0.0113	0.0079
广东	0.0385	0.0365	0.0367	0.0388	0.0395	0.0486	0.0475	0.0484	0.0447	0.0437	0.0413	0.0360	0.0265	0.0225	0.0232	0.0212	0.0203	0.0210
广西	0.0448	0.0432	0.0419	0.0517	0.0436	0.0399	0.0381	0.0360	0.0350	0.0449	0.0368	0.0329	0.0259	0.0183	0.0167	0.0147	0.0125	0.0108
海南	0.0885	0.0808	0.0829	0.0800	0.0873	0.0816	0.1039	0.0933	0.1234	0.1020	0.0882	0.0861	0.0741	0.0737	0.0706	0.0680	0.0732	0.0684
重庆	0.0379	0.0325	0.0295	0.0304	0.0292	0.0279	0.0247	0.0258	0.0239	0.0218	0.0193	0.0183	0.0162	0.0149	0.0152	0.0151	0.0140	0.0132
四川	0.0679	0.0584	0.0549	0.0485	0.0456	0.0404	0.0348	0.0316	0.0362	0.0312	0.0214	0.0240	0.0191	0.0174	0.0155	0.0137	0.0117	0.0107
贵州	0.1232	0.1014	0.0830	0.0783	0.0681	0.0524	0.0392	0.0328	0.0272	0.0249	0.0217	0.0189	0.0168	0.0112	0.0148	0.0135	0.0109	0.0096
云南	0.0488	0.0470	0.0414	0.0395	0.0408	0.0387	0.0393	0.0406	0.0318	0.0279	0.0238	0.0201	0.0169	0.0140	0.0131	0.0109	0.0076	0.0057
西藏	0.0364	0.0364	0.0334	0.0328	0.0335	0.0306	0.0277	0.0217	0.0409	0.0200	0.0200	0.0155	0.0134	0.0116	0.0107	0.0092	0.0101	0.0161
陕西	0.0886	0.0855	0.0831	0.0868	0.0647	0.0636	0.0572	0.0500	0.0459	0.0370	0.0323	0.0276	0.0210	0.0161	0.0165	0.0138	0.0101	0.0087
甘肃	0.2561	0.2537	0.2060	0.2769	0.1379	0.1266	0.1143	0.0868	0.0831	0.0649	0.0569	0.0460	0.0345	0.0247	0.0202	0.0169	0.0136	0.0108
青海	0.0526	0.0452	0.0463	0.0491	0.0436	0.0383	0.0340	0.0323	0.0349	0.0330	0.0311	0.0276	0.0232	0.0191	0.0173	0.0157	0.0132	0.0126
宁夏	0.1628	0.1341	0.1253	0.1484	0.1332	0.1224	0.0956	0.0898	0.0816	0.0717	0.0660	0.0610	0.0547	0.0450	0.0459	0.0447	0.0365	0.0330
新疆	0.1029	0.0934	0.0877	0.0936	0.0919	0.0847	0.0818	0.0714	0.0741	0.0852	0.0620	0.0510	0.0395	0.0351	0.0351	0.0230	0.0165	0.0146

附表 11　旅游增加值剥离系数法下的 2000—2017 年旅游生态效率值

（单位：kgCO$_{2-e}$/Y）

地区	2000年	2001年	2002年	2003年	2004年	2005年	2006年	2007年	2008年	2009年	2010年	2011年	2012年	2013年	2014年	2015年	2016年	2017年
北京	0.0819	0.0660	0.0603	0.0585	0.0597	0.0685	0.0514	0.0455	0.0491	0.0445	0.0402	0.0358	0.0328	0.0335	0.0263	0.0224	0.0181	0.0151
天津	0.3112	0.2699	0.2083	0.1766	0.1721	0.1634	0.1404	0.1146	0.0859	0.0775	0.0885	0.0736	0.0609	0.0628	0.0484	0.0188	0.0383	0.0372
河北	0.3560	0.2916	0.2561	0.2250	0.2052	0.1734	0.1300	0.1151	0.1198	0.1089	0.1119	0.0942	0.0890	0.0933	0.0748	0.0765	0.0683	0.0514
山西	0.1740	0.1518	0.2737	0.3596	0.3273	0.2839	0.2532	0.1490	0.4278	0.4426	0.4215	0.4091	0.3837	0.6192	0.5166	0.4357	0.3914	0.3552
内蒙古	0.2830	0.2517	0.2373	0.1556	0.2522	0.3732	0.3720	0.3551	0.3753	0.3749	0.4985	0.5029	0.5438	0.3293	0.3495	0.2645	0.2041	0.1809
辽宁	0.2509	0.2589	0.2320	0.2116	0.2337	0.2618	0.2392	0.1904	0.1839	0.1688	0.1819	0.1656	0.1480	0.1409	0.1140	0.1000	0.0979	0.0906
吉林	0.2995	0.2966	0.2921	0.2064	0.2505	0.2742	0.2257	0.1844	0.1763	0.1634	0.1897	0.1345	0.1158	0.1136	0.0967	0.0972	0.0916	0.0842
黑龙江	0.3581	0.3407	0.3110	0.3046	0.3120	0.3528	0.3130	0.2737	0.2592	0.2763	0.3416	0.3822	0.3424	0.3004	0.2324	0.2354	0.2158	0.1934
上海	0.0899	0.0907	0.0899	0.0937	0.0968	0.0885	0.0757	0.0659	0.0637	0.0517	0.0509	0.0517	0.0438	0.0432	0.0299	0.0281	0.0253	0.0231
江苏	0.0874	0.0939	0.0923	0.0889	0.0759	0.0679	0.0622	0.0521	0.0481	0.0430	0.0433	0.0402	0.0379	0.0376	0.0287	0.0265	0.0239	0.0219
浙江	0.0867	0.1090	0.0960	0.0946	0.0887	0.0933	0.0927	0.0844	0.0783	0.0743	0.0694	0.0647	0.0537	0.0544	0.0441	0.0393	0.0337	0.0309
安徽	0.1111	0.1042	0.0992	0.0972	0.1026	0.0972	0.0876	0.0773	0.0817	0.0801	0.0805	0.0776	0.0888	0.1006	0.0829	0.0717	0.0480	0.0563
福建	0.0901	0.0848	0.0872	0.0933	0.1018	0.0754	0.0710	0.0654	0.0635	0.0601	0.0607	0.0608	0.0508	0.0463	0.0399	0.0368	0.0306	0.0277
江西	0.1377	0.1269	0.1481	0.1718	0.1273	0.1182	0.1124	0.0867	0.0746	0.0642	0.0758	0.0664	0.0711	0.0613	0.0491	0.0452	0.0403	0.0369
山东	0.1088	0.1280	0.1179	0.1672	0.1610	0.2043	0.1988	0.1624	0.1623	0.1581	0.1442	0.1251	0.1161	0.0763	0.0621	0.0607	0.0574	0.0561
河南	0.1634	0.1504	0.1390	0.1519	0.1381	0.1617	0.1274	0.1078	0.0789	0.0964	0.1044	0.1135	0.0823	0.0827	0.0706	0.0640	0.0554	0.0529
湖北	0.1390	0.1298	0.1136	0.1433	0.1289	0.1148	0.1164	0.1057	0.0990	0.0939	0.0962	0.0894	0.0661	0.0608	0.0460	0.0423	0.0391	0.0351
湖南	0.0933	0.0817	0.0878	0.0902	0.0754	0.1106	0.1040	0.0969	0.0826	0.0748	0.0771	0.0812	0.0767	0.0722	0.0557	0.0490	0.0445	0.0401
广东	0.0973	0.0865	0.0803	0.0759	0.0772	0.0758	0.0682	0.0608	0.0568	0.0550	0.0550	0.0532	0.0370	0.0392	0.0343	0.0310	0.0363	0.0302
广西	0.0513	0.0501	0.0463	0.0554	0.0593	0.0555	0.0547	0.0487	0.0486	0.0697	0.0784	0.0878	0.0807	0.0621	0.0507	0.0451	0.0414	0.0367
海南	0.0756	0.0713	0.0000	0.0703	0.0621	0.0528	0.0922	0.2026	0.1911	0.1635	0.1484	0.1305	0.1081	0.0925	0.0815	0.0984	0.0673	0.0630
重庆	0.0845	0.0907	0.0742	0.0685	0.1051	0.0852	0.0900	0.0844	0.0706	0.0693	0.0609	0.0516	0.0465	0.0606	0.0439	0.0418	0.0383	0.0272
四川	0.1536	0.1444	0.1346	0.1516	0.2778	0.3998	0.1054	0.1195	0.1034	0.1016	0.0876	0.0691	0.0603	0.0489	0.0429	0.0333	0.0307	0.0247
贵州	0.5577	0.4212	0.4555	0.5694	0.4858	0.4638	0.4011	0.3122	0.3783	0.3807	0.3625	0.2952	0.2557	0.2204	0.2474	0.2412	0.2239	0.1950
云南	0.1599	0.1726	0.1539	0.1704	0.0959	0.1550	0.1516	0.1209	0.1128	0.1020	0.1053	0.0865	0.0790	0.0724	0.0585	0.0528	0.0468	0.0411
西藏	—	—	—	—	—	—	—	—	—	—	—	—	—	—	—	—	—	—
陕西	0.2094	0.1660	0.1741	0.2439	0.2286	0.3682	0.1861	0.2666	0.2672	0.2219	0.2276	0.2050	0.1898	0.1951	0.1537	0.1399	0.1394	0.1389
甘肃	0.3907	0.4044	0.3615	0.3804	0.2726	0.2409	0.3676	0.1927	0.1765	0.1624	0.1745	0.1578	0.1283	0.1388	0.1098	0.1043	0.0983	0.0931
青海	0.2000	0.2941	0.3053	0.2816	0.2543	0.2716	0.1427	0.1681	0.1408	0.1488	0.1446	0.1468	0.1303	0.1493	0.1036	0.0733	0.0679	0.0638
宁夏	—	—	—	0.1757	0.5441	0.4091	0.6034	0.3528	0.3012	0.3342	0.2963	0.2666	0.2329	0.2061	0.1646	0.1468	0.1288	0.1897
新疆	0.4611	0.4336	0.3843	0.3831	0.4475	0.3325	0.1926	0.2393	0.2472	0.2546	0.2721	0.2599	0.1942	0.1867	0.2381	0.1610	0.1704	0.1543

参考文献 Reference

[1] 包庆德.理想与现实:可持续发展观分类与比较[J].自然辩证法研究，2001(5):37-41.

[2] 曹利军，王华东，海热提.论可持续发展的基本组织单元和层次体系[J].中国人口·资源与环境，1996，6(4):19-22.

[3] 陈傲.中国区域生态效率评价及影响因素实证分析——以2000—2006年省际数据为例[J].中国管理科学，2008，16(S1):566-570.

[4] 陈明华，岳海珺，郝云飞，等.黄河流域生态效率的空间差异、动态演进及驱动因素[J].数量经济技术经济研究，2021，38(9):25-44.

[5] 陈永林，谢炳庚，张爱明，等.不同尺度下交通对空间流动性的影响[J].地理学报，2018，73(6):1162-1172.

[6] 程莉,赵捷,朱晋,等.包头市旅游生态系统可持续发展评价[J].阴山学刊(自然科学版),2014,28(1):26-30.

[7] 程翠云，任景明，王如松.我国农业生态效率的时空差异[J].生态学报，2014，34(1):142-148.

[8] 狄乾斌，赵晓曼，王敏.基于非期望产出的中国滨海旅游生态效率评价——以我国沿海城市为例[J].海洋通报，2020，39(2):160-168.

[9] 方琰，卞显红.长江三角洲旅游资源地区差异对旅游经济的影响研究[J].旅游论坛，2015，8(1):53-60.

[10] 付丽娜，陈晓红，冷智花.基于超效率DEA模型的城市群生态效率研究——以长株潭"3+5"城市群为例[J].中国人口·资源与环境，2013，23(4):169-175.

[11] 盖美, 聂晨.环渤海地区生态效率评价及空间演化规律[J].自然资源学报, 2019, 34(1):104-115.

[12] 郭丽佳, 李畅, 彭红松, 等.节能减排约束下中国省域旅游生态效率评估及空间格局研究[J].地理科学进展, 2021, 40(8):1284-1297.

[13] 郭小青, 于晓娜, 朱万斌, 等.基于数据包络分析法的秸秆能源化利用的生态效率评价[J].中国农业大学学报, 2021, 26(3):1-9.

[14] 韩元军, 吴普, 林坦.基于碳排放的代表性省份旅游产业效率测算与比较分析[J].地理研究, 2015, 34(10):1957-1970.

[15] 黄德林, 李明起, 李千惠, 等.神农架国家公园生态旅游SWOT分析与发展战略[J].安全与环境工程, 2019, 26(6):50-55.

[16] 黄芳.低碳背景下旅游业生态效率驱动机制研究[J].河南科学, 2016, 34(3):440-445.

[17] 黄和平.基于生态效率的江西省循环经济发展模式[J].生态学报, 2015, 35(9):2894-2901.

[18] 黄和平, 乔学忠, 张瑾, 等.绿色发展背景下区域旅游业碳排放时空分异与影响因素研究——以长江经济带为例[J].经济地理, 2019, 39(11):214-224.

[19] 黄钰婷.基于DEA模型的中国旅游生态效率评价及影响因素研究[J].北京印刷学院学报, 2020, 28(7):32-34.

[20] 蒋硕亮, 潘玉志.长江经济带城市群工业生态效率时空差异及影响因素分析[J].统计与决策, 2021, 37(9):51-54.

[21] 蒋素梅, 幸岭.旅游业生态效率研究——以昆明市为例[J].旅游研究, 2014, 6(2):14-19.

[22] 林文凯, 林璧属.区域旅游产业生态效率评价及其空间差异研究——以江西省为例[J].华东经济管理, 2018, 32(6):19-25.

[23] 李贝歌, 胡志强, 苗长虹, 等.黄河流域工业生态效率空间分异特征与影响因素[J].地理研究, 2021, 40(8):2156-2169.

[24] 李彩云, 陈兴鹏, 张子龙, 等.敦煌市旅游业碳排放与经济增长的耦合关系分析[J].生态科学, 2016, 35(1):109-116.

[25] 李江帆, 李美云.旅游产业与旅游增加值的测算[J].旅游学刊, 1999(5):16-19.

[26] 李丽平,田春秀,国冬梅.生态效率——OECD全新环境管理经验[J].环境科学动态,2000,(1):33-36.

[27] 李鹏,杨桂华,郑彪,等.基于温室气体排放的云南香格里拉旅游线路产品生态效率[J].生态学报,2008(5):2207-2219.

[28] 李世祥,成金华.中国工业行业的能源效率特征及其影响因素——基于非参数前沿的实证分析[J].财经研究,2009,35(7):134-143.

[29] 李天星.国内外可持续发展指标体系研究进展[J].生态环境学报,2013,22(6):1085-1092.

[30] 李在军,姚云霞,马志飞,等.中国生态效率的空间格局与影响机制分析[J].环境科学学报,2016,36(11):4208-4217.

[31] 李志龙,王迪云.武陵山片区旅游经济——生态效率时空分异及影响因素[J].经济地理,2020,40(6):233-240.

[32] 刘丙泉,李雷鸣,宋杰鲲.中国区域生态效率测度与差异性分析[J].技术经济与管理研究,2011(10):3-6.

[33] 刘佳,陆菊.中国旅游产业生态效率时空分异格局及形成机理研究[J].中国海洋大学学报(社会科学版),2016(1):50-59.

[34] 刘佳,赵金金,于水仙.中国旅游生态创新效率测度及其影响因素分析[J].改革与战略,2013,29(9):91-96.

[35] 刘军,马勇.旅游可持续发展的视角:旅游生态效率的一个综述[J].旅游学刊,2017,32(9):47-56.

[36] 刘军,问鼎,童昀,等.基于碳排放核算的中国区域旅游业生态效率测度及比较研究[J].生态学报,2019,39(6):1979-1992.

[37] 刘军,岳梦婷.区域旅游业碳排放及其影响因素——基于旅游流动性视角[J].中国人口·资源与环境,2021,31(7):37-48.

[38] 刘淼.长江经济带城镇化建设对城市生态效率的影响研究[D].南昌:江西财经大学,2021.

[39] 刘云强,权泉,朱佳玲,等.绿色技术创新、产业集聚与生态效率——以长江经济带城市群为例[J].长江流域资源与环境,2018,27(11):2395-2406.

[40] 龙亮军,王霞,郭兵.基于改进DEA模型的城市生态福利绩效评价研究——以我国35个大中城市为例[J].自然资源学报,2017,32(4):595

-605.

[41] 卢飞，宫红平.中国旅游生态效率测度、时空特征与影响因素研究[J].统计与决策，2020，36(16):96-100.

[42] 鲁庆尧，张旭青，孟祥海.我国粮食种植生态效率的空间相关性及影响因素研究[J].经济问题，2021(8):82-88，94.

[43] 路小静，时朋飞，邓志伟，等.长江经济带旅游业绿色生产率测算与时空演变分析[J].中国人口·资源与环境，2019，29(7):19-30.

[44] 罗能生，王玉泽.财政分权、环境规制与区域生态效率——基于动态空间杜宾模型的实证研究[J].中国人口·资源与环境，2017，27(4):110-118.

[45] 马慧强，刘嘉乐，弓志刚.山西省旅游交通碳排放测度及其演变机理[J].经济地理，2019，39(4):223-231.

[46] 马勇.旅游生态经济学[M].武汉:华中科技大学出版社，2016.

[47] 马勇，张瑞.县域生态效率空间格局及影响因素研究——以长江经济带为例[J].中国地质大学学报(社会科学版)，2021，21(6):62-76.

[48] 牛文元.可持续发展理论的内涵认知——纪念联合国里约环发大会20周年[J].中国人口·资源与环境，2012，22(5):9-14.

[49] 潘兴侠，何宜庆.中部六省生态效率评价及其与产业结构的时空关联分析[J].统计与决策，2015(3):127-130.

[50] 彭红松，章锦河，韩娅，等.旅游地生态效率测度的SBM-DEA模型及实证分析[J].生态学报，2017，37(2):628-638.

[51] 钱宏健，方叶兵，陆林，等.长三角城市群旅游生态效率时空演化特征及其影响因素研究[J].资源开发与市场，2022，38(3):350-359.

[52] 邱立新，周家萌.浙江省县域尺度生态效率的时空分异及影响因素[J].华东经济管理，2020，34(10):11-20.

[53] 屈小娥.中国生态效率的区域差异及影响因素——基于时空差异视角的实证分析[J].长江流域资源与环境，2018，27(12):2673-2683.

[54] 任梅，王小敏，刘忠梅，等.中国区域生态效率时空变化及其影响因素分析[J].华东经济管理，2019，33(9):71-79.

[55] 史方圆.2005—2015年中原城市群生态效率及影响因素分析——基于DEA-Malmquist-Tobit模型的实证研究[J].台湾农业探索，2018(4):25

-35.

[56] 石培华, 吴普. 中国旅游业能源消耗与CO_2排放量的初步估算[J]. 地理学报, 2011, 66(2):235-243.

[57] 谭益民, 张双全. 森林旅游业与经济增长的关系研究[J]. 中南林业科技大学学报, 2012, 32(11):136-138.

[58] 唐承财. 低碳旅游:促进生态文明建设与节能减排的可持续旅游形式[J]. 旅游学刊, 2014, 29(3):10-12.

[59] 陶玉国, 黄震方, 吴丽敏, 等. 江苏省区域旅游业碳排放测度及其因素分解[J]. 地理学报, 2014, 69(10):1438-1448.

[60] 王成, 任梅菁, 樊荣荣. 基于"潜力—支持力—恢复力"框架的村镇可持续发展能力及其类型甄别[J]. 自然资源学报, 2021, 36(12):3069-3083.

[61] 王芳, 方叶林. 旅游业生态效率测度及演化机理研究——以我国省级区域面板数据为例[J]. 淮阴师范学院学报(自然科学版), 2021, 20(4):311-318.

[62] 王劲松. 基于游客支付意愿的兴隆山自然保护区旅游生态补偿机制研究[D]. 兰州:西北师范大学, 2019.

[63] 王凯, 李娟, 席建超. 中国旅游经济增长与碳排放的耦合关系研究[J]. 旅游学刊, 2014, 29(6):24-33.

[64] 王凯, 邵海琴, 周婷婷, 等. 基于STIRPAT模型的中国旅游业碳排放影响因素分析[J]. 环境科学学报, 2017, 37(3):1185-1192.

[65] 王凯, 张淑文, 甘畅, 等. 我国旅游业碳排放的空间关联性及其影响因素[J]. 环境科学研究, 2019, 32(6):938-947.

[66] 王坤, 黄震方, 曹芳东. 中国旅游业碳排放效率的空间格局及其影响因素[J]. 生态学报, 2015, 35(21):7150-7160.

[67] 汪克亮, 刘悦, 史利娟, 等. 长江经济带工业绿色水资源效率的时空分异与影响因素——基于EBM-Tobit模型的两阶段分析[J]. 资源科学. 2017,39(8):1522-1534.

[68] 汪克亮, 孟祥瑞, 程云鹤. 环境压力视角下区域生态效率测度及收敛性——以长江经济带为例[J]. 系统工程, 2016, 34(4):109-116.

[69] 汪克亮, 孟祥瑞, 杨宝臣, 等. 基于环境压力的长江经济带工业生态

效率研究[J].资源科学, 2015, 37(7):1491-1501.

[70] 王玲.邮轮旅游生态效率测度及其影响因素研究[D].上海:上海工程技术大学, 2020.

[71] 王楠, 盖美.基于非期望产出SBM模型的环渤海地区生态效率与影响因素研究[J].资源开发与市场, 2018, 34(6):741-746.

[72] 王胜鹏, 乔花芳, 冯娟, 等.黄河流域旅游生态效率时空演化及其与旅游经济互动响应[J].经济地理, 2020, 40(5):81-89.

[73] 王淑新, 何红, 王忠锋.秦巴典型景区旅游生态效率及影响因素测度[J].西南大学学报(自然科学版), 2016, 38(10):97-103.

[74] 王瑶, 陈怀超.能源禀赋、环境规制强度与区域生态效率[J].生态经济, 2021, 37(9):161-168.

[75] 王兆峰, 霍菲菲.基于VAR模型的湖南武陵山片区旅游产业生态效率影响因素分析[J].中南林业科技大学学报. 2018,38(11):136-144.

[76] 王兆峰, 刘庆芳.长江经济带旅游生态效率时空演变及其与旅游经济互动响应[J].自然资源学报, 2019, 34(9):1945-1961.

[77] 魏艳旭, 孙根年, 马丽君, 等. 中国旅游交通碳排放及地区差异的初步估算[J]. 陕西师范大学学报(自然科学版), 2012, 40(2):76-84.

[78] 魏振香, 郭琬婷.旅游生态效率时空特征及影响因素研究[J].生态经济, 2021, 37(2):111-119.

[79] 吴义根, 冯开文, 胡鹏.人口增长、产业结构优化与区域生态效率[J].大连理工大学学报(社会科学版), 2019, 40(2): 17-26.

[80] 肖建红, 王敏.旅游业二氧化碳排放量区域差异性及减排效果评估——以舟山普陀旅游金三角为例[J].中国人口·资源与环境, 2015, 25(11):28-36.

[81] 肖建红,于爱芬,王敏.旅游过程碳足迹评估——以舟山群岛为例[J].旅游科学,2011,25(4):58-66.

[82] 谢明, 仇冬芳, 储飞飞.生态效率比率:企业环境绩效审计的新方法[J].工业技术经济, 2010, 29(3):84-87.

[83] 谢园方, 赵媛.长三角地区旅游业能源消耗的CO_2排放测度研究[J].地理研究. 2012, 31(3):429-438.

[84] 徐冬, 黄震方, 胡小海, 等.浙江省县域旅游效率空间格局演变及其

影响因素[J].经济地理，2018, 38(5):197-207.

[85] 徐琼，程慧.中国旅游生态效率与旅游绿色创新效率的耦合协调时空特征及其影响因素[J].中州大学学报，2021, 38(2):33-40.

[86] 许燕琳，李子君.基于DEA和STIRPAT模型的山东省农业生态效率评价[J].水土保持研究，2021, 28(4):293-299.

[87] 杨开忠，许峰，权晓红.生态旅游概念内涵、原则与演进[J].人文地理，2001(4):6-10.

[88] 杨鸣京.高铁开通对企业创新的影响研究[D].北京：北京交通大学，2019.

[89] 杨勇，邓祥征.中国城市生态效率时空演变及影响因素的区域差异[J].地理科学，2019, 39(7):1111-1118.

[90] 姚治国.低碳旅游生态效率研究[D].天津：天津大学，2013.

[91] 姚治国，陈田.旅游生态效率研究进展[J].旅游科学，2016, 30(6):74-91.

[92] 姚治国，陈田，尹寿兵，等.区域旅游生态效率实证分析——以海南省为例[J].地理科学，2016, 36(3):417-423.

[93] 查建平，舒皓羽，李园园，等.中国旅游业碳排放及其影响因素研究——来自2005—2015年省级面板数据的证据[J].旅游学刊，2017, 31(5):1-16.

[94] 查建平，谭庭，钱醒豹，等.中国旅游业碳排放及其驱动因素分解[J].系统工程，2018, 36(5):23-36.

[95] 张广胜，陈晨.产业集聚与城市生态效率动态关系研究[J].科技进步与对策，2019, 36(13):48-57.

[96] 张宏，黄震方，琚胜利.水乡古镇旅游者低碳旅游行为影响因素分析——以昆山市周庄、锦溪、千灯古镇为例[J].旅游科学，2017, 31(5):46-64.

[97] 章锦河.旅游废弃物生态影响评价——以九寨沟、黄山风景区为例[J].生态学报,2008(6):2764-2773.

[98] 章牧，翁毅.论生态旅游地旅游业的可持续性——以广西壮族自治区龙胜县为例[J].北京第二外国语学院学报，2002(6):67-71.

[99] 张书颖，刘家明，朱鹤，等.国外生态旅游研究进展及启示[J].地理科

学进展，2018，37(9):1201-1215.

[100] 张晓玲.可持续发展理论：概念演变、维度与展望[J].中国科学院院刊，2018，33(1):10-19.

[101] 张鑫鑫，尹珂.重庆市典型县域生态效率评价[J].环境科学与技术，2019，42(9):178-186.

[102] 郑兵云，杨宏丰.基于生态足迹的中国省际旅游生态效率时空演化[J].华东经济管理，2020，34(4):79-91.

[103] 甄翌.基于温室气体排放的旅游目的地旅游生态效率研究——以张家界为例[J].安徽农业科学,2013,41(8):3485-3487.

[104] 钟永德，石晟屹，李世宏，等.我国旅游业碳排放测算方法构建与实证研究——基于投入产出视角[J].中南林业科技大学学报，2015(1):132-139.

[105] 周国梅，彭昊，曹凤中.循环经济和工业生态效率指标体系[J].城市环境与城市生态，2003，16(6):201-203.

[106] 邹璇，黄萌，余燕团.交通、信息通达性与区域生态效率——考虑空间溢出效应的研究[J].中南大学学报(社会科学版)，2018，24(2):87-95，158.

[107] Ahmad F，Draz M U，Su L，et al. Taking the bad with the good: The nexus between tourism and environmental degradation in the lower middle‐income Southeast Asian economies[J]. Journal of Cleaner Production，2019，233:1240-1249.

[108] An M，He W，Degefu D，et al. Spatial patterns of urban wastewater discharge and treatment plants efficiency in China[J]. International Journal of Environmental Research & Public Health，2018，15(9):1892.

[109] Barbier E B. Economics Natural‐resource Scarcity and Development[M].Earthscan Publication,1989.

[110] Barros C，Garcia P，Leach S. Analysing the technical efficiency of the Spanish football league first division with a random frontier model[J]. Applied Economics，2018，41(25)，3239‐3247.

[111] Becken S，Frampton C，et al. Energy consumption patterns in the ac-

commodation sector: the New Zealand case[J]. Ecological Economics, 2001, 39(3): 371‑386.

[112] Becken S, Simmons D G. Understanding energy consumption patterns of tourist attractions and activities in New Zealand[J]. Tourism Management, 2002, 23(4): 343-354.

[113] Becken S, Simmons D G, et al. Energy use associated with different travel choices[J]. Tourism Management, 2003, 24(3): 267-277.

[114] Becken S, Patterson M. Measuring national carbon dioxide emissions from tourism as a key step towards achieving sustainable tourism[J]. Journal of Sustainable Tourism, 2006, 14(4): 323-338.

[115] Braungart M, McDonough W, Bollinger A. Cradle-to-cradle design: creating healthy emissions—a strategy for eco‑effective product and system design[J]. Journal of Cleaner Production, 2007, 15(13): 1337-1348.

[116] Caldwell L K. Political aspsects of ecologically sustainable development[J]. Environmental Conservation, 1984, 11(4):299.

[117] Castilho D, Fuinhas, José Alberto, Marques, António Cardoso. The impacts of the tourism sector on the eco-efficiency of the Latin American and Caribbean countries[J]. Socio‑Economic Planning Sciences, 2021, 78.

[118] Cote R, Booth A, Louis B. Eco-efficiency and SMEs in Nova Scotia, Canada[J]. Journal of Cleaner Production, 2006(14):542-550.

[119] Dai T J, Lu Z W. Analysis of eco-efficiency of steel industry[J]. Journal of Northeastern University, 2005, 26(12):1168-1173.

[120] Eijgelaar E, Peeters P, Bruijn K D, et al. Travelling large in 2015: The carbon footprint of Dutch holidaymakers in 2015 and the development since 2002[M]. NHTV Breda University of Applied, 2016.

[121] Fussler C. The development of industrial eco‑efficiency[J]. Industry and Environment (Chinese version), 1995, 17(4):71-74.

[122] Gössling S. Global environmental consequences of tourism[J]. Global Environmental Change, 2002,12(4):283-302.

[123] Gössling S. Sustainable tourism development in developing countries: some aspects of energy use[J]. Journal of sustainable tourism, 2000, 8 (5): 410-425.

[124] Gössling S, Peeters P, Ceron J P, et al. The eco-efficiency of tourism[J]. Ecological Economics, 2005, 54(4):417-434.

[125] Gössling S, Garrod B, Aall C, et al. Food management in tourism: Reducing tourism's carbon 'foodprint' [J]. Tourism Management, 2011, 32(3):534-543.

[126] Gössling S, Scott D, Hall C M. Challenges of tourism in a low-carbon economy[J]. Wiley Interdisciplinary Reviews: Climate Change, 2013, 4(6): 525-538.

[127] Hofiren J. Measuring the eco-efficiency of welfare generation in a national economy[D]. Tampere: Tampere University, 2001.

[128] Horng J S, Hu M L M, Teng C C, et al. Energy Saving and Carbon Reduction Behaviors in Tourism - A Perception Study of Asian Visitors from a Protection Motivation Theory Perspective[J]. Asia Pacific Journal of Tourism Research, 2014, 19(6):721-735.

[129] Kuo N W, Chen P H. Quantifying energy use, carbon dioxide emission, and other environmental loads from island tourism based on a life cycle assessment approach[J]. Journal of Cleaner Production, 2009, 17 (15): 1324-1330.

[130] Kytzia S, Walz A, Wegmann M. How can tourism use land more efficiently? A model-based approach to land-use efficiency for tourist destinations[J].Tourism management, 2011, 32(3):629-640.

[131] Lenzen M, Sun Y Y, Faturay F, et al. The carbon footprint of global tourism[J]. Nature Climate Change, 2018, 8(6): 522-528.

[132] Liu J, Zhang J F, Fu Z F.Tourism eco-efficiency of Chinese coastal cities - Analysis based on the DEA-Tobit model[J].Ocean & Coastal Management, 2017,148:164-170.

[133] Luo F, Moyle B D, Moyle C J, et al.Drivers of carbon emissions in China's tourism industry[J]. Journal of Sustainable Tourism, 2020,

28(5):747-770.

[134] Meadows D H, et al. The limits to growth[M]. New York: Universe Books, 1972.

[135] Meng W, Xu L, Hu B, et al. Quantifying direct and indirect carbon dioxide emissions of the Chinese tourism industry[J]. Journal of Cleaner Production, 2016, 126:586-594.

[136] Moller A, Schaltegger S. The sustainability balanced scorecard as a framework for eco-efficiency analysis[J]. Journal of Industrial Ecology, 2005, 9(4):73-83.

[137] Monastyrenko E. Eco-efficiency outcomes of mergers and acquisitions in the European electricity industry[J]. Energy Policy, 2017, 107:258-277.

[138] Moutinho V, Madaleno M, Robaina M. The economic and environmental effciency assessment in EU cross country: evidence from DEA and quantile regression approach[J]. Ecological Indicators, 2017, 78(Jul.):85-97.

[139] Peng H, Zhang J, Lu L, et al. Eco-efficiency and its determinants at a tourism destination: a case study of Huangshan National Park, China[J]. Tourism Management, 2017, 60:201-211.

[140] Pan Y, Weng G, Li C, et al. Coupling coordination and influencing factors among tourism carbon emission, tourism economic and tourism innovation[J]. International Journal of Environmental Research and Public Health. 2021,18(4):1601.

[141] Perch-Nielsen S, Sesartic A, Stucki M. The greenhouse gas intensity of the tourism sector: The case of Switzerland[J]. Environmental Science & Policy, 2010, 13(2):131-140.

[142] Raymond Côté, Aaron Booth, Bertha Louis. Eco-efficiency and SMEs in Nova Scotia, Canada[J]. Journal of Cleaner Production, 2006, 14(6-7):542-550.

[143] Reiger H A, Baskerville G L. Sustainable redevelopment of regional ecosystems degraded by exploitive development[J]. USDA Forest Ser-

vice‐General Technical Report PNW, 1996(370):21-44.

[144] Reilly J, Williams P, Haider W. Moving towards more eco‐efficient tourist transportation to a resort destination: The case of Whistler, British Columbia[J]. Research in Transportation Economics, 2010, 26:66-73.

[145] Rico A, Martínez-Blanco J, Montlleó M, et al. Carbon footprint of tourism in Barcelona[J]. Tourism Manage,2019, 70(FEB.):491-504.

[146] Schaltegger S, Sturm A. Okologische rationalitat: ansatzp‐unkte zur ausgestaltung yon okologieorienttierten management instrumenten[J]. Die Unternehmung, 1990(4): 273-290.

[147] Scott D, Stefan Gössling, Hall CM, et al. Can tourism be part of the decarbonized global economy? The costs and risks of alternate carbon reduction policy pathways[J]. Journal of Sustainable Tourism, 2016, 24(1):1-21.

[148] Sharp H, Grundius J, Heinonen J. Carbon footprint of inbound tourism to Iceland: A consumption-based life-cycle assessment including direct and indirect emissions[J]. Sustainability, 2016, 8(11):1147.

[149] Song M, Li H. Estimating the efficiency of a sustainable Chinese tourism industry using bootstrap technology rectification[J]. Technological Forecasting and Social Change,2019,143:45-54.

[150] Sun Y Y. Decomposition of tourism greenhouse gas emissions: Revealing the dynamics between tourism economic growth, technological efficiency, and carbon emissions[J]. Tourism Management, 2016, 55: 326-336.

[151] Tang C C, Zhong L S, Pin N. Factors that influence the tourism industry's carbon emissions: A tourism area life cycle model perspective [J].Energy Policy, 2017,109:704-718.

[152] Tang C C, Zhong L S, Jiang Q O. Energy efficiency and carbon efficiency of tourism industry in destination[J]. Energy Efficiency, 2018, 11(3):539-558.

[153] Tothmihaly A, Ingram V, Cramon-Taubadel S V. How can the envi-

ronmental efficiency of Indonesian Cocoa farms be increased?[J]. Ecological Economics, 2019, 158(APR.):134-145.

[154] Willard B. The sustainability advantage[J]. Cma Management, 2002(3):44.

[155] Vogtlander J, Scheepens A, Bocken N, et al. Correction to: combined analyses of costs, market value and eco-costs in circular business models: eco-efficient value creation in remanufacturing[J]. Journal of Remanufacturing, 2019,9:73.

[156] Zha J P, He L M, Liu Y, et al. Evaluation on development efficiency of low-carbon tourism economy: A case study of Hubei Province, China[J]. Socio-Economic Planning Sciences, 2019, 66:47-57.

[157] WBCSD. Eco-efficiency: Leadership for improved economic and environmental performance [R]. Geneva: WBCSD, 1996.

[158] Zha J, Fan R, Yao Y, et al. Framework for accounting for tourism carbon emissions in China: An industrial linkage perspective[J]. Tourism Economics. 2021,27(7):1430-1460.

[159] Zhang J K, Zhang Y. Carbon tax, tourism CO_2 emissions and economic welfare[J]. Annals of Tourism Research, 2018, 69:18-30.